儿童出行行为特征及其对交通政策的影响

张蕊 杨静 洪桔 著

中国建筑工业出版社

图书在版编目（CIP）数据

儿童出行行为特征及其对交通政策的影响 / 张蕊，杨静，洪桔著. —北京：中国建筑工业出版社，2012.3
ISBN 978-7-112-14122-7

Ⅰ.①儿… Ⅱ.①张…②杨…③洪… Ⅲ.①交通政策-研究-中国 Ⅳ.①F512.0

中国版本图书馆CIP数据核字(2012)第039532号

目前，儿童出行行为特征以及儿童出行给家庭其他成员强加的活动需求和约束现象已经引起广泛关注。本书以6～12岁处于小学阶段的学龄儿童为研究对象，首先，研究儿童出行特征以及儿童出行对家庭其他成员出行行为的约束影响；进而，对儿童出行及其影响群体的交通方式选择、出行链选择以及出发时刻选择等进行建模，获得儿童出行及其对家庭其他成员的约束影响量化分析结果；最后，探讨现有交通政策、法规等对儿童及其陪伴人的适用性，挖掘基于儿童出行的城市交通管理方法与政策建议。

本书可供交通规划、交通管理及交通社会学领域的科研、技术、管理人员以及对儿童出行感兴趣的相关读者使用。

* * *

责任编辑：李玲洁　田启铭　责任设计：李志立　责任校对：姜小莲　赵　颖

儿童出行行为特征及其对交通政策的影响

张蕊　杨静　洪桔　著

*

中国建筑工业出版社出版、发行（北京西郊百万庄）
各地新华书店、建筑书店经销
北京红光制版公司制版
北京市密东印刷有限公司印刷

*

开本：850×1168毫米　1/32　印张：4½　字数：120千字
2012年6月第一版　2012年6月第一次印刷
定价：**18.00元**
ISBN 978-7-112-14122-7
(22181)

版权所有　翻印必究
如有印装质量问题，可寄本社退换
（邮政编码100037）

前　言

随着我国经济水平的提高，城市化进程的加快以及交通管理科学化，出行行为研究越来越引起人们的广泛重视。对个体出行行为的研究，是城市交通规划、建设、管理过程中一项不可缺少的基础工作，是制定交通政策及出行需求管理的必然途径，也是城市社会学研究的重要课题。儿童出行相关问题、其出行给家庭其他成员带来的约束问题以及据此所导致的社会约束逐渐引起交通和社会学领域的关注。

正是在这样的背景下，北京建筑工程学院承担了北京市哲学社会科学规划项目资助的"儿童出行对家庭成员出行行为的约束影响研究"（10BeSH091），本课题研究对象是6~12岁处于小学阶段的儿童，交通出行目的以上学为主。通过对北京市西城区五所不同类型的小学进行问卷调查，对儿童交通出行的环境因素、个体因素、角色因素及资源因素等进行详细分析，获得儿童出行对家庭成员的交通出行的限制和影响，建立约束影响量化分析模型。尽管受调查样本范围及样本量的限制，该研究对儿童的出行行为以及受约束家庭成员的出行行为仍能有较好的解释。通过对儿童出行相关社会问题分析提出了相关交通规划、管理政策建议，希望对未来儿童交通政策、法规的制定能有参考价值。

本书的执笔分工为：张蕊负责第1章、第2章、第4章；杨静负责第3章；洪桔负责第5章。全书最后由张蕊定稿。

本书的出版要感谢北京市哲学社会科学规划办公室、北京建筑工程学院对课题的支持；感谢学校领导及吴徽院长对课题研究和本书出版的支持。感谢北京建筑工程学院张大玉教授、北京市西城区教工委宁梅书记对课题的肯定以及对问卷调查所做的大量协调工作；感谢北京市西城区师范学校附属小学、复兴门外第一小学、护国寺小学、登来小学、厂桥小学等学校的师生对问卷调查的支持。本书的讨论和编写过程得到了吴海燕教授及交通工程系全体教师的大力帮助和支持，研究生雷熙文、张哲宁、腾佳焱、林霖、孙晨等为本书出版做了大量的基础性工作。全书参考了大量国内外文献，作者在此对以上人员及文献作者一并表示感谢。

作者

2012 年 1 月

目 录

第1章 儿童出行的研究现状及相关交通政策 ·············· 1
1.1 国外儿童出行特点及研究现状 ················ 3
1.1.1 国外儿童出行现状 ··················· 3
1.1.2 国外儿童出行的相关研究 ·············· 5
1.1.3 代表"路上王法"的公共校车 ············ 9
1.2 我国儿童出行现状及交通政策分析 ············ 11
1.2.1 我国儿童出行现状 ················· 11
1.2.2 我国研究儿童出行问题的特殊性 ········· 13
1.3 现有的儿童出行相关交通管理与政策 ·········· 14
1.4 小结 ································ 16

第2章 国内外儿童出行行为特征分析 ················ 17
2.1 儿童出行行为特性分析 ··················· 17
2.1.1 交通方式 ······················ 17
2.1.2 出行时耗分布 ··················· 18
2.1.3 出行距离分布 ··················· 19
2.1.4 出行出发时刻 ··················· 19
2.2 儿童出行行为特征随年龄变化特性分析 ·········· 20
2.2.1 交通方式随年龄变化特性 ·············· 20
2.2.2 接送人员随年龄变化特性 ·············· 22
2.2.3 平均出行时耗随年龄变化特性 ··········· 23
2.2.4 平均出行距离随年龄变化特性 ··········· 24
2.2.5 出行出发时刻随年龄变化特性 ··········· 24
2.3 儿童出行行为特征演变趋势分析 ·············· 25
2.3.1 数据概况 ······················ 26
2.3.2 交通方式演变趋势 ················· 28

2.3.3 出行距离分布演变趋势 …………………………… 29
　　2.3.4 出行时耗分布演变趋势 …………………………… 31
　　2.3.5 出行政策演变趋势 ………………………………… 32
　　2.3.6 社会特性演变趋势 ………………………………… 34
　　2.3.7 我国儿童出行的演变阶段分析 …………………… 35
2.4 家庭社会经济属性对儿童出行方式的影响 …………… 37
　　2.4.1 家庭收入对儿童出行方式的影响 ………………… 37
　　2.4.2 家庭与学校间距离对儿童出行方式的影响 ……… 40
2.5 国内外大城市儿童出行行为特征对比分析 …………… 41
　　2.5.1 交通方式 …………………………………………… 41
　　2.5.2 出行时耗与出行距离 ……………………………… 42
　　2.5.3 出发时刻 …………………………………………… 42
2.6 小结 ……………………………………………………… 43

第3章 儿童出行对家庭成员选择行为约束模型研究 ……… 45
3.1 儿童出行对家庭成员出行行为的约束影响分析 ……… 47
　　3.1.1 出行方式选择差异性分析 ………………………… 47
　　3.1.2 出发时刻分布差异性分析 ………………………… 48
　　3.1.3 出行链构成差异性分析 …………………………… 49
3.2 出行方式约束模型 ……………………………………… 50
　　3.2.1 模型概述 …………………………………………… 50
　　3.2.2 模型构架及参数标定结果 ………………………… 51
　　3.2.3 方式选择的影响因素量化分析 …………………… 53
3.3 出发时刻选择约束模型 ………………………………… 55
　　3.3.1 模型概述 …………………………………………… 55
　　3.3.2 模型构架及标定结果 ……………………………… 58
　　3.3.3 出发时刻决策的影响因素量化分析 ……………… 60
3.4 出行链选择约束模型 …………………………………… 61
　　3.4.1 基本概念 …………………………………………… 62
　　3.4.2 模型拟合结果及参数标定 ………………………… 63
　　3.4.3 出行链选择的影响因素量化分析 ………………… 65

3.5 小结 ·· 67

第4章 儿童出行的交通政策分析 ············· 68
4.1 不同交通方式儿童出行策略分析 ············ 69
    4.1.1 步行的出行策略 ·························· 69
    4.1.2 自行车的出行策略 ······················ 71
    4.1.3 小汽车的出行策略 ······················ 72
    4.1.4 公共交通出行策略 ······················ 73
4.2 就近入学政策分析 ····························· 75
4.3 弹性上下学政策分析 ·························· 76
    4.3.1 低年级弹性上学策略分析 ··········· 78
    4.3.2 高年级弹性上学策略分析 ··········· 78
4.4 公共校车策略的政策分析 ···················· 78
4.5 校园宁静化策略的政策分析 ················· 81
    4.5.1 立法规范校园周边交通 ··············· 82
    4.5.2 完善校园周边交通设施 ··············· 82
    4.5.3 加强校园周边的交通管理 ··········· 83
4.6 儿童出行的安全教育策略分析 ·············· 83
    4.6.1 儿童出行的安全教育方式 ··········· 83
    4.6.2 儿童出行的安全教育内容 ··········· 85
4.7 小结 ·· 86

第5章 国外校车运营管理经验 ·················· 87
5.1 运营管理模式 ···································· 87
    5.1.1 校车运营管理模式概述 ··············· 87
    5.1.2 国外校车运营管理模式 ··············· 88
    5.1.3 我国校车运营管理模式 ··············· 94
    5.1.4 国外校车安全保障对我国的启示 ··· 96
5.2 校车路线及站点设置 ·························· 97
    5.2.1 公共校车路线及站点的管理概述 ··· 97
    5.2.2 公共校车路线的管理细则 ··········· 98
    5.2.3 公共校车站点的管理细则 ··········· 103

5.3 运行环境保障措施 ………………………………… 116
　5.3.1 校车运行环境问题概述 ……………………… 116
　5.3.2 国内外确保校车运行环境的相关规定 ……… 118
　5.3.3 建议措施 ……………………………………… 120
5.4 法律保障措施 ……………………………………… 122
　5.4.1 国内校车管理存在问题 ……………………… 122
　5.4.2 国外校车管理法律保障措施 ………………… 125
5.5 小结 ………………………………………………… 129
参考文献 …………………………………………………… 130

第1章 儿童出行的研究现状及相关交通政策

国内外对不同年龄、不同职业、不同出行目的出行者的出行行为特征的分析和研究非常重视，研究成果众多，尤其是通勤出行。相对于其他出行，通勤出行在时间和空间上具有更大的恒定性，特别是由于通勤出行（上班、上学）集中在一定的高峰期和一定的区域，使得早、晚高峰通勤时段的交通拥堵成为城市交通问题最为突出的问题，以通勤者为研究对象的出行行为特征研究成果更具普遍性。在这些研究中，Chapin(1974)、Jones、Dix、Clarke(1983)、Pas(1984)等人注意到了儿童给家庭其他成员强加的活动需求和约束现象，但目前对儿童阶段的出行行为及儿童出行对家庭成员的约束研究成果极少见到。究其原因，是因为12岁以下的儿童其出行一般需要成人陪伴，其出行特性被计入成人出行特性中加以考虑，这在基于活动的出行行为分析方法中是非常普遍的。

在国外，早在20世纪70年代，美国的National Household Travel Survey(NHTS)居民出行调查就已经将12岁以下的儿童包括在内；在国内，由于在儿童出行行为分析中假设儿童的出行行为可以由成年人出行行为特性所表现，在进行各种调查时，尤其是居民出行调查时，早期对12岁以下儿童的出行不进行调查。2005年北京市第三次居民调查涵盖了12岁以下儿童的出行，西安(2008年)、长沙(2009年)居民出行调查也开始包括12岁以下儿童的出行，儿童出行特性研究逐渐得到国内外学者的重视。随着20世纪60年代基于出行链的出行行为分析方法的出现，Reekeretal(1986年)提出家庭结构、家庭社会经济背景也影响个体出行链模式的选择，儿童出行对成人出行的约束和影响开始被考虑，但目前，由于受调查数据的影响，许多研究对个体出行行为影响因素的考虑并不是非常全面，忽视了家庭结构、家庭各成员之间的相互作用关系对个体出行行为产生的影响，尤其是忽略了儿童出行影响并约束成人的出行行为选择、影响程度以及其他相关问题的研究。此外，在国内居民出行调查问卷中，对儿童出行是否有成人陪伴或成人出行是否受儿童出行影响之间的关系无从反映。

儿童的出行需求与家庭成员的出行决策是密不可分的。20世纪80年代，Goodwin和Kitamura对儿童出行行为特征的研究发现，家庭中儿童的出现将在很大程度上改变家庭成员的出行行为特征。比如家庭成员中，尤其是母亲，为了协调儿童上学与工作上班时间而提早出门时间。在2003年进行的"Surface Transportation Policy Project"项目中，研究结果发现，在美国加利福尼亚北部的一个小城市圣罗莎，早上7：15~8：15的时段(早高峰时段)，上学期间路段上运行的小汽车比假期多大约30%，即儿童的出行需求会加剧一些地区的交通负荷。此外，由于儿童出行对家庭成员的出行产生约束影响，一些交通需求管理措施的效果也大打折扣，许多家长担心孩子上下学的各种安全问题，更倾向于选择亲自接送孩子上下学。由于上学时间与城市交通早高峰时间重叠，早高峰期间学校周边地区的交通状况日趋恶化，成为高峰时间的交通瓶颈，也使得学生上、下学的便利性、安全性无法得到保证，学生上、下学出行难的问题逐渐成为城市交通规划与管理中亟待解决的问题之一。本书以城市6~12岁小学学龄儿童为对象，研究儿童出行行为及其对家庭成员出行行为的约束影响，围绕儿童所在家庭成员的相关社会经济属性对其出行特征的影响分析进行研究，可以更好地理解社会发展对儿童出行行为已经产生或者可能产生的影响。对由于儿童出行产生的各种关联问题进行分析，尤其是对高峰时段交通出行的影响，据此对相关城市交通规划、建设及现行交通管理政策内容进行针对性分析，提供政策研究的技术支持。

1.1 国外儿童出行特点及研究现状

1.1.1 国外儿童出行现状

通过参阅国外相关文献，国外城市儿童出行的现状可概括为以下几个方面：

1. 儿童出行方式中日益增加的小汽车出行需求

居民出行对小汽车的依赖性日益增长，同样表现在儿童出行的特征上。在过去的两年内，儿童的小汽车出行比例增长显著，尤其是上下学出行。英国的学校出行建议报告（STAG，1999）指出，在过去的10年内，儿童上学的小汽车出行比例从16%增长至29%，增加了近一倍。

在澳大利亚的墨尔本市，儿童（0～18岁）出行的主要交通方式为小汽车，其中5～9岁的儿童小汽车出行比例为81%，10～14岁的儿童小汽车出行比例为62%，而对于15～18岁的儿童来说，小汽车出行比例也在40%以上（VATS，1999）。在悉尼，1991～1997年间，儿童的小汽车出行增加了5%，而步行出行比例下降了5%（TDC，1999）。

依据VATS(1999)的调查数据，5～11岁的儿童中85%的出行是在成人或兄弟姐妹等看护人的陪同下进行的，其中87.5%的出行为小汽车出行，仅有9.9%的出行为步行出行。

日益增长的小汽车出行需求是大多数西方国家目前面临的主要问题。一方面，由于居民收入与小汽车拥有率在过去的十年里快速增长；另一方面，由于分散式的土地利用开发模式与复杂的生活运动方式，促使了人们出行对小汽车的依赖性。交通出行不断增长的机动性与不断下降的可达性之间的两难局面已经被定义为可持续城市发展的主要制约因素（欧盟，2000）。

儿童上学出行对小汽车的依赖性将严重影响校区的交通安全，导致交通拥堵。此外，研究发现，增加与儿童相关的小汽车的使用频率会阻碍他们的智力和心理上的发展(Moore, 1986; Tranter, 1995)。

以上现象具有经济与社会成本。英国最近对父母接送儿童上下学的经济成本进行了估计，整个英国的家长接送孩子的年经济成本大约在100亿～200亿英镑(Hillman等人, 1990)。

不断增长的小汽车出行同样损害着儿童的健康。缺乏日常的锻炼会导致疾病、压力、疲劳、心脏疾病以及肥胖等等(Hillman, 1997)。

2. 儿童出行的交通安全

有数据显示，儿童与青少年在选择步行或自行车出行时，具有较高的交通安全事故率。Rose(2000)在其文中指出，1990～1996年间，整个澳大利亚维多利亚州与中小学生相关的行人交通事故约占事故总数的30%。此外，对于维多利亚州的4～12岁儿童，约65%的行人交通事故发生在学校上课时间前后，13～18岁儿童的相应事故发生比例约为49%。在英国，自19世纪50年代以来，交通意外伤害一直是导致0～15岁儿童死亡的主要原因。约有20%的儿童(5～9岁)道路安全事故发生在上下学的途中，而对于10～14岁的儿童来说，这一比例将增加(STAG, 1999)。

3. 出行距离的不断增长

STAG报告(1999)在文中指出，5～10岁儿童的平均上学出行距离从1985年的1.75km增加至1995年的2.1km，增长了18%；同一时期，11～16岁儿童的平均上学出行距离从3.65km增加至4.95km，增长了35%。

在Godfrey等人(1998)的研究中发现，家与学校的距离是影响家长是否选择开车接送儿童上学的重要因素。研究指出，当家与学校的距离超过2.4km时，儿童几乎不可能选择步行去学校。因此，不难看出儿童出行距离的增长与日益增长的小汽车出行之间的关系。

1.1.2 国外儿童出行的相关研究

20世纪80年代，国外就开始关注家庭成员之间出行行为的互相影响研究，结果显示家庭结构是影响家庭成员出行行为选择的重要影响因素。随着研究的深入，发现儿童作为家庭结构中的一员，其出行特性对家庭成员的出行行为影响较大。主要从以下三个方面进行阐述。

1. 出行特性

Zwerts等(2002)在居民出行行为研究中指出：儿童人群中小学组与中学组的出行特性差异较大。6~11岁的儿童小汽车出行比例高达58%，其日均出行次数为2.5，日均出行距离为26.2km。而12~15岁儿童小汽车出行比例则降至36.2%，日均出行次数为2.6，日均出行距离为22.4km。

Mcdonald(2005)利用2001年的National Household Travel Survey(NHTS)调查数据，分析了美国18岁及以下儿童的出行特性。调查数据显示，美国18岁及以下儿童的日均出行次数为3.5，日均出行时耗与距离分别为72min和49.9km。出行比例最高的为小汽车出行，占75%；步行次之，占总出行的12%。而出行距离在0.8km以下时，步行占42%。在出行目的方面，上学、购物以及探亲访友为最主要的出行目的。

2. 出行方式选择

(1) 影响因素分析

1) 儿童特性：Mcdonald(2005)与Zwerts等(2006)研究发现儿童的年龄或年级对其出行方式选择有较大影响。大龄(高年级)儿童在出行方式选择上更倾向于选择自主性较强的方式，如步行、自行车、公共交通以及校车。同时，Vovsha等(2005)与Guo等(2005)研究发现大龄儿童由父母接送上下学的概率相对较小。

2) 家庭成员特性：DiGuiseppi等(1998)研究发现父母对儿童上下学的安全不放心时，更多倾向于选择机动化出行方式，如小汽车等；此外，若母亲也工作，儿童出行选择机动化方式的概率将增大。McMillan(2003)研究发现父母对于出行方式安全性与方便性的理解将决定儿童上下学方式的选择,父母具有良好教育的儿童选择步行或自行车出行方式的概率较小。

3) 家庭特性:David A. Hensher 与 April J. Reyes(2000)研究了家庭结构及儿童出行对家庭成员在交通方式选择行为上的影响。研究结果表明:与无儿童家庭相比,有儿童的家庭对出行选择公共交通的概率大大降低。因此,儿童出行是影响公共交通出行选择的一个障碍。

Zwerts 等(2006)、DiGuiseppi 等(1998)、Vovsha 等(2005)以及 Guo 等(2005)研究发现,收入高或小汽车拥有率高的家庭,儿童出行方式选择小汽车的概率较大;Mcdonald(2005)与 McMillan(2003)则研究发现该类家庭选择步行或公共交通上学的概率较小。Evenson 等(2003)研究发现有家庭成员待在家中对儿童出行方式选择步行或自行车的概率有负影响,即该成员可能开车接送儿童。

4) 社会环境特性:DiGuiseppi 等(1998)研究发现,私立学校的学生出行选择小汽车的概率较大,这可能是由于私立学校的学生没有校车服务。

McMillan(2003)研究发现,高步行道覆盖率、路肩以及自行车专用道的设置以及学校门口车辆减速带的设置将促进儿童上学方式选择步行与自行车;此外若居住地附近犯罪率高、安全等级较低,儿童上学选择步行的概率较低。

Zwerts 等(2006)、DiGuiseppi 等(1998)以及 Guo 等(2005)研究发现,随着家与学校之间的距离逐渐增大,儿童上下学选择机动化方式的概率逐渐增大。

(2) 出行方式选择模型

儿童出行的方式选择模型研究直到近期才逐渐得以关注与重视。本文将现状国外关于儿童出行方式选择模型的研究概况总结如表1-1所示。

儿童出行方式选择模型研究概述表　　　　表 1-1

文献作者	数据来源	样本量	方式选择集	上/下学	儿童样本类型
DiGuiseppi 等（1998）	儿童出行调查伦敦	2086	小汽车、步行	上/下学	6~12 岁
Black 等（2001）	儿童出行调查英格兰	4214	步行、小汽车	上学	5~10 岁
Evenson 等（2003）	儿童风险行为调查（YRBS）美国	4448	步行、自行车	上学	12~18 岁
McMillan（2003）	儿童上学安全路线调查（SR2S）美国	2128	步行/自行车、小汽车	上学	8~11 岁
Ewing 等（2004）	家庭出行调查盖恩斯维尔	709（学校出行）	小汽车、校车、步行、自行车	上学	4~18 岁
Rhoulac 等（2005）	家庭出行调查北加州	800	小汽车、校车	上/下学	4~14 岁
Guo 等（2005）	家庭出行活动调查达拉斯	939	步行/自行车、校车、小汽车父母接送/其他人接送	上/下学	18 岁以下
Mcdonald（2005）	家庭出行调查美国	5525	步行、小汽车、公共交通	上学	13~18 岁
Vovsha 等（2005）	家庭出行调查亚特兰大	3810（出行次数）	合乘、接送方式、非接送方式（校车、步行等）	上/下学	18 岁以下
Zwerts 等（2006）	儿童出行调查比利时	2482	公共交通、自行车、小汽车	上学	10~13 岁
AmithK. Y.等（2008）	居民出行调查旧金山湾	4352	自行车、自驾、独自步行、母亲随行、校车、公共交通、父亲开车接送、母亲开车接送、其他人开车接送	上/下学	18 岁以下

从表 1-1 可以看出，目前国外关于儿童出行方式选择的研究在不同年龄段的儿童上均有体现，研究角度多样化。在方式选择集的确定上，不同研究者的选择差异性较大，先期的研究更多倾向于具有竞争特性的两种方式进行比较，近期则更多地考虑家庭成员在接送儿童方式选择上的异同，即从儿童出行对家庭成员选择行为约束影响的角度考虑出行方式选择集。在模型选择上，大多以多项 Logit 模型为原型，筛选出影响选择的主要因素作为模型变量，构造方式选择模型。

(3) 出行链选择

Oster(1979)研究发现不同家庭结构将影响工作出行与非工作出行之间的关系，也就是说，随着家庭成员数的降低以及双职工家庭的增加，居民在通勤出行前后链接非工作出行的概率将增加。

Clarke 等(1981)对出行链之间的链接特性和家庭特性进行了重要理论研究。研究表明：无儿童的年轻夫妇家庭将在工作出行的前后形成出行链来满足大部分出行活动需求；有学龄前儿童的家庭出行链中有较大比例的购物出行(家-目的地-家)，相应的有较少的复杂工作出行链；有学龄儿童家庭则在以接送为主要目的的复杂出行链的形成上有所增加；此外研究还发现，当学校的上课时间安排有较小变化时，家庭出行活动的方案选择相应变化较小；当学校时间变化较大时，家庭活动将出现较为显著的重新分配，家庭出行链相应的也有较大变化。

Strathman 与 Dueker(1995)研究了考虑出行者性别、年龄、家庭结构、出行目的、收入等因素的出行链形成。研究结果表明：家庭结构的变化对出行需求、出行链的形成以及交通拥堵状况均有影响，但交通政策对家庭结构的影响效果甚微。

David A. Hensher 与 April J. Reyes(2000)研究了家庭结构及儿童出行对家庭成员在出行链的选择行为上的影响。研究结果表明：与无儿童家庭相比，有儿童的家庭出行链复杂程度增加。因此，儿童出行促使出行链复杂化。

1.1.3 代表"路上王法"的公共校车

以美国、英国等发达国家为代表的公共校车使用(见图1-1、1-2),可以集中代表发达国家针对儿童上下学出行采取的交通政策与福利。

图1-1 美国的校车

图1-2 英国的校车

资料来源:1. 美国的校车. http://www.xplus.com/papers/tywb/20111129/n64.shtml,引自喜阅网。
2. 英国的校车. http://www.360eol.com.cn/eol/news/2011/11/22/53107.shtml,引自360、教育在线。

美国是个装在轮子上的国家,每天在全国城乡跑的大小汽车有上亿辆,样子和颜色多得数不清。但在这么多的汽车中,惟独有一种车的颜色全国统一,样子也几乎一个模式,在所有的车辆中最好辨认,这就是校车。2003年,美国通过引进自动定位技术,改善校车服务,其实施结果发现,有16%的小汽车上下学出行向校车出行转移,其中早高峰的转移率达到了38%。目前,美国有着世界上最大的校车运营系统,全国大约有48万辆校车,约有2500万学生乘校车上下学。在2004~2005年,55.3%的美国学生是乘坐校车上下学的,为此,政府每年花费175亿美元,平均每个学生692美元。美国对公共校车的制造、运营、路上交通管理等各环节要求都是最高的,因为校车承担着保护学生安全的重任、承载着国家的未来和希望。重视校车,就是重视学生、重视教育。

美国对于学龄儿童交通政策重视主要体现在两方面：一是学校周边交通的严格控制与管理，如在美国驾驶车辆，两处超速会受重罚。一处是学校旁边的限速路，另一处是校区。学校旁边的路上有明显的标志牌，指示这里是校区(School Zone)。学校在上学和放学期间，路边的警示灯会闪亮，驾驶人必须低于限速行驶，如有超速，一律重罚。另外一个就是能够代表"路上王法"是校车。早在19世纪末，美国乡村就出现了专门接送孩子上下学的校车，只不过那个时候的校车是马车。如今，美国已经形成了联邦、州以及当地政府三级共同管理的校车服务机制，将公共校车服务作为义务教育的重要组成部分。在美国无论联邦政府还是各州政府，都建议将校车作为孩子上下学、参加学校所组织课外活动的首选交通工具。在美国，家离学校1英里(约1.6km)外的学生，都可以免费搭乘公共校车。政府之所以制定此项政策，是因为校车具有极高的安全性，其在所有交通工具中的交通事故率最低。更深层次的原因在于联邦与各州都高度重视校车交通安全，通过了一系列的公共校车安全立法。

美国对校车的制造规定了许多严格的标准，比如，《校车行人安全装置标准》要求校车停车时，左侧伸出"停止手臂"的装置，以警示校车前后的其他车辆，减少过往车辆伤害到附近学生的可能性。《校车翻滚保护标准》要求校车顶部有足够的强度，以便校车在翻滚事故中车顶能够承受更多力量，降低学生伤亡数量及受伤严重程度。《校车车身连接部分强度标准》要求校车车身钢板具有较高的强度，目的是为了降低校车在遇到车身碰撞事故时遭受结构性毁坏而给车内学生带来伤害。校车还必须安装减速制动装置，以便有效减少因急刹车导致的严重伤亡事故。这些严格的标准让所有公共校车均可达到"客车的设施，卡车的骨架"，充分保证了校车的坚固性和安全性。

美国公共校车在运营管理上充分体现了"儿童最大利益优先"的原则。美国对公共校车的路权要求是非常高的，如任何车辆都不能随便超越校车，如果碰到校车靠边临时停车，迎面过来和后面的车辆均需停车等待；校车上驾驶人座位旁边有个"停"的指示牌，只要驾驶人出示，后面所有的车，无论几个车道，都必须停下来。对校车驾驶人各方面要求较高，同时提供较好的福利待遇。驾驶人享有政府公务员的福利，虽然工资不高但工作相对稳定。对乘坐人也有要求，校车是孩子的特权，除了孩子其他人是不能坐校车的，教育部长也不例外。关于国外公共校车经验的详细阐述可参见第5章。

配合公共校车，"安全上学（SRTS）"政策在欧洲和澳大利亚得到广泛的应用。在过去的两年里，各式各样的SRTS策略在欧洲得到实施，例如"the Feet First Campaign（步行优先）"、"SPOKES（自行车出行活动）"、"Walk to School week（步行上学周）"以及"Safer Routes to School（安全上学路线）"等等（Bradshaw，1998）。这些政策主要考虑儿童的出行安全。SRTS策略涉及校区道路改造的多个方面，例如慢速区域、路障、交通岛以及独立的步行道与自行车道（Bradshaw，1998）。据统计数据显示，实施SRTS策略后，部分校区的交通事故率降幅高达85%，所以说，该策略是十分成功的。

1.2 我国儿童出行现状及交通政策分析

1.2.1 我国儿童出行现状

国内对儿童出行的关注大多集中在出行安全及安全教育方面，对儿童出行方面的研究和关注起步较晚，对由此所反映的交通问题认识不足。2005年，北京开始将12岁以下的儿童出行涵盖于居民出行调查之中，儿童出行特性及需求才得以关注。目前，国内在儿童出行方面的研究获得了一些城市儿童出行特性、学校周边交通流特性等成果，但数量相对较少，对于儿童出行对家庭成员出行行为的约束影响研究，则更少见到。由于研究数据样本量、研究方法及关注内容不同，研究成果对解决儿童出行问题的支持程度也不同。

1. 出行特性

何峻岭与李建忠对武汉中小学生上下学的交通结构、出行时耗等特征进行了研究，将学生群体分为三类：重点小学学生群体、一般小学学生群体和中学学生群体。研究发现：重点小学群体上下学以小汽车出行为主，一般小学群体上下学以步行出行为主，中学生群体上下学以公交车出行为主，说明小学生的出行依赖性较强，方式选择通常是由家长决定，而中学生上下学出行行为比较独立。在方式选择方面，家庭经济条件、出行距离、年龄、公交服务水平是重要影响因素；在出行时耗方面，中小学生上下学出行时耗波动较小，其中中学生出行时耗普遍比小学生长。

刘爱玲等人利用2002年中国居民营养与健康状况调查的数据，分析了我国中小学生上下学的出行交通方式。研究发现：我国小学生上下学主要以步行为主，初中生仍以步行为主，但骑车比例增加，高中生骑车比例最高；选择如步行、骑车等活跃交通方式的比例随年龄段的增加而下降。

韩娟等人以南京市长江路小学的学生上下学出行为研究对象，分析其上下学出行特征，并将其特征与国外小学生的出行情况进行比较。研究结果显示：电动自行车与私人小汽车是接送儿童上下学的主要交通方式。国内校车出行较少，电动自行车出行表现为新趋势，其比例与美国的校车比例相当。

2. 学校周边交通流特性

韩娟等人以南京市长江路小学附近的路段为研究对象，实地调查不同路段不同时段的交通量，并将其数据与无学校影响的路段交通量进行比较，研究发现：（1）有学校影响的路段早高峰出行交通量高于无学校影响路段，但晚高峰的规律则恰恰相反，这是由于学生放学高峰早于下班出行高峰；（2）对比无学校影响的路段，有学校影响的路段在早晚的工作出行高峰之前还有一个明显的上、下学出行高峰。

3. 公共校车

周廷勇等人，对北京市海淀区、房山区、朝阳区以及大兴区的公共校车运营与管理情况进行问卷调查，调查内容涵盖了校车开通情况、未开通校车的原因、校长与家长是否认同开通校车、校车的责任和管理等问题。调查结果显示：(1)随着学校周边交通方式的便利化及其选择的多样化，开设校车的需求会相对降低；(2)在是否有必要开通校车的态度方面，学校校长与家长意见基本一致，有过半的赞成率，并指出需求与经费是影响校车开通的主要因素；(3)在交通事故责任归属方面，校长与家长的意见稍有分歧，过半的校长认为应由肇事者负责，而大多数家长则认为应由学校与政府负责。

1.2.2 我国研究儿童出行问题的特殊性

我国独生子女政策是一项长期的基本国策，家庭对于子女的关注有其特殊性，这样的背景条件下，再加上社会、经济、文化等方面的差异，儿童交通出行特性也具有与其他国家相比不同的特点。另外，我国每年超过1.85万名14岁以下儿童死于交通安全事故，死亡率是欧洲的2.5倍、美国的2.6倍，交通事故已经成为14岁以下儿童的第一死因，这也急需改善儿童整体交通环境。

2005年人口调查显示，全市常住人口中，0~14岁的人口为157万人，占10.2%。据1986年北京市居民出行调查显示，6~15岁儿童日均出行在1.09~1.87次之间，2000年调查显示6~13岁儿童日均出行为2.97次，2005年出行调查显示7~13岁日均出行在2.08~3.2次之间，总体呈上升趋势。据2007年04月5日人民日报报道：目前北京市中小学在校生约为120万人，其中70%以上的学生上下学需要家长、保姆接送，家长最担心的是路上安全问题。又由于国内几起校园惨案的发生，使得家长接送这种状况更为加剧，由于儿童出行对家庭成员带来的约束问题更加突出，所反映的交通社会问题日益明显。校园周边上下学交通秩序混乱，交通不安全因素增加，促使更多家长接送孩子上下学,导致校园周边交通环境恶化,形成恶性循环,也使得由于上下学交通出行所波及的拥堵范围和严重程度呈扩大趋势,如图1-3、1-4所示。目前国内研究学者已经注意到了儿童出行需求的特殊性,尤其是儿童出行需求对家庭成员的约束影响,开始关注家庭成员在接送儿童上下学时,其交通出行方式、出行链的局限性与约束性等问题。

图1-3　上学期间学校周边的道路交通情况

图1-4　小学生家长接送现象很普遍

1.3　现有的儿童出行相关交通管理与政策

目前,国内有关城市交通需求管理的策略较多,如公交优先、拥堵收费、鼓励P+R(停车换乘)模式、弹性上下班工作制等等。然而，针对于儿童出行的相关交通政策和法规则少之又少，不能充分体现政府及社会对儿童最大利益优先的原则，也不能满足现阶段机动化交通快速增长的需求。

公共校车促使儿童出行的模式从离散式向集约式转变，在我国城市和农村中，校车的使用情况差异较大。由于校车制造、运营管理等法规缺失，总体上校车的选择、运营管理等仍处于以盈利性为主的经营行为或以自发性为主的互助行为，校车的运营组织还不够专业和科学。政府的职能尚未能在公共校车中有较好的体现。2011年发生的几起校车交通事故触目惊心，引起政府和社会的关注，对公共校车的相关研究已得到重视。

儿童交通安全教育已经纳入学校教育的一部分，社会一直比较关注。一些法规对儿童交通出行有一些保护性规定，如《中华人民共和国道路交通管理条例》规定，驾驶自行车、三轮车必须年满12周岁。《中华人民共和国道路交通安全法》规定，成年人驾驶自行车可以在固定座椅内载一名儿童，但不得载12岁以上的人员，未成年人驾驶自行车不得载人。在道路交通管理上，学校周边道路一般会配有安全交通标识，如图1-5所示。2011年12月30日发布的《机动车儿童乘员用约束系统》国家标准(GB 27887—2011)，将于2012年7月1日起实施。这是我国第一部关于机动车儿童座椅约束装置的强制性国家标准，也是第一部专

图1-5　学校周边道路的交通标识

门针对儿童交通的法规,但目前针对儿童乘客须强制使用儿童安全座椅的法规尚没有出台。目前急需考虑当前交通机动化的特点,出台专门的儿童交通安全法规。

现行的就近入学政策从理论上应该能够减少儿童出行距离以及由此导致的机动化交通方式选择问题,但由于教育资源不均衡,该政策在具体实施上效果不尽如人意。

我国现行的儿童乘坐公共交通工具的优惠政策,包括根据身高的免票政策、半票政策、学生公交优先的票价政策等,这些政策能够在一定程度上鼓励儿童及其陪伴人选择公共交通出行。

1.4 小结

本章总结了国内外儿童的出行现状,对国内外儿童的出行特性及其相关研究进行了阐述,分析发现我国对儿童出行特征及其对家庭成员出行行为的约束影响研究成果较少。在我国,由于独生子女政策,研究儿童交通问题具有特殊性,而目前国内儿童相关交通政策与法规的缺失不能较好地体现儿童最大利益优先的原则。

第 2 章 国内外儿童出行行为特征分析

2.1 儿童出行行为特性分析

儿童由于其身体条件、出行需求等方面的特殊性,其出行依赖成年人的特征比较明显。本节借助调查数据与数理统计分析方法,利用 2011 年的小样本儿童出行调查数据(有效样本量为 3601 例,主要针对通学出行),对北京市儿童(6～12 岁)的出行行为特征进行统计分析,依据小学类型分为三组:优质小学组、次优质小学组和一般小学组,并将其出行特征与成年人(19～60 岁)进行对比,分析二者之间在出行行为上的差异。由于上学高峰与交通早高峰小时重叠,影响较大且集中,所以统计和分析时段均为早高峰。

2.1.1 交通方式

儿童组的出行以步行、自行车为主要出行方式,出行量所占比例超过 50%;而成年组的出行以步行、小汽车为主要出行方式,占总出行量的 52.4%。其中,成年组的小汽车出行比例最高,达到 36.2%。由于学校类型不同,儿童出行的方式选择也有很大差异,例如优质小学组、次优质小学组和一般小学组的小汽车出行比例分别为:25.7%、10.7% 和 1.2%,差距明显。若合并自行车与电动车比例,优质小学这部分非机动车比例为 27.8%,而次优质小学比例为 43.2%,差异显著。儿童组和成年组的出行方式结构如表 2-1 所示。

儿童组和成年组出行方式结构表（单位：%）　　　　表 2-1

交通方式 年龄组别	步行	自行车	电动车	公交车	出租车	小汽车	地铁	其他
优质小学组	39.9	16.4	11.4	3.3	1.5	25.7	0.8	1.1
次优质小学组	36.1	19.5	23.7	6.5	0.3	10.7	1.9	1.3
一般小学组	69.2	14.2	11.7	2.0	0.0	1.2	1.2	0.4
成人组	16.2	13.6	7.1	12.5	1.9	36.2	7.8	4.8

从表 2-1 可以看出，对比成人组，儿童组在出行方式选择方面相对受限，由于现行政策规定小学、初中儿童应该就近入学，所以儿童选择步行及自行车作为短距离交通出行方式的比重较大。

2.1.2 出行时耗分布

儿童组每次出行的平均出行时耗为 21.3min，成人组每次出行的平均出行时耗为 53.3min，儿童组每次出行的平均出行时耗基本控制在 20min 左右，与现行就近入学政策相符。儿童组出行时耗在 20min 以下的占总出行的 76.4%，而成人组中在 20min 以下的出行仅占总出行的 41.5%。儿童组和成人组的出行时耗分布如图 2-1 所示。

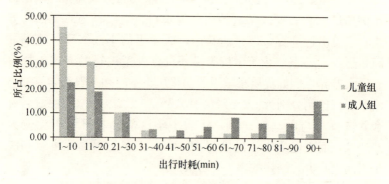

图 2-1　儿童组与成人组的出行时耗分布图

2.1.3 出行距离分布

儿童组每次出行的平均出行距离为 6.7km，而成人组每次出行的平均出行距离为 21.0km，儿童组单次出行的平均出行距离远小于成人组。此外，从出行距离分布情况来看，儿童组出行距离在 5km 以内的占总出行的 50.1%，而成人组中在 5km 以内的出行仅占总量的 23.5%。由此可以看出，儿童组的空间活动范围远小于成人组。儿童组和成人组的出行距离分布情况如图 2-2 所示。

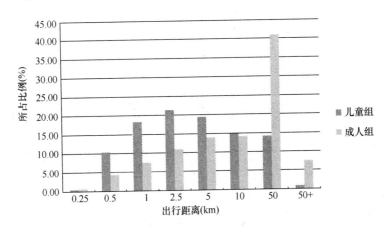

图 2-2 儿童组与成人组的出行距离分布图

2.1.4 出行出发时刻

根据儿童出行早高峰调查数据，儿童组与成人组在出行出发时刻上存在一定差异。儿童组出行的出发时刻相对集中，形成尖锐的出行高峰，而在非高峰时段的出行则相对较少。其主要原因是由于各个学校的上学时间统一、恒定，促使出行集聚，形成大量的、集中的出行需求。

此外，儿童组的早出行高峰时段要早于成人组：儿童组的早高峰分别为 6：40～7：40；对应的成人组的早高峰时段分别为 7：20～8：20。其主要原因是由于二者的通勤时间不一致造成的，儿童组学校的上下学时间一般早于成人组单位的上下班时间。

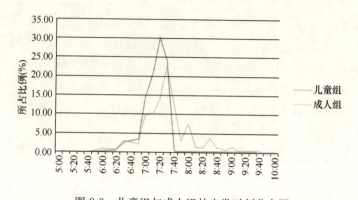

图2-3 儿童组与成人组的出发时刻分布图

2.2 儿童出行行为特征随年龄变化特性分析

年龄(年级)是影响儿童出行行为特征与能力的重要因素之一，不同年级的儿童在交通方式选择、接送人员、出行时耗、出行距离、出发时刻等方面均具有各自的特征。本节将儿童组按不同年级进行划分，对其出行行为特征进行比较分析，深入研究儿童出行特性随年龄(年级)的变化趋势。

2.2.1 交通方式随年龄变化特性

依据儿童出行特性所表现出的阶段性规律，分别对不同年级儿童的交通方式选择进行分析，见表2-2：

1. 一年级儿童出行交通方式以步行、自行车以及电动自行车为主，占总出行的80.9%，其中步行、自行车和电动自行车分别占总出行量的41.9%、19.7%和19.3%；

2. 二年级儿童出行交通方式同样以步行、自行车以及电动自行车为主，依次占总出行量的38.4%、23.6%和21.4%；

3. 三年级儿童出行交通方式仍然以步行、自行车以及电动

自行车为主,依次占总出行量的 42.0%、19.2%和 18.0%;

4. 四年级儿童出行交通方式也以步行、自行车以及电动车为主,依次占总出行量的 44.8%、20.2%和 15.4%;

5. 五年级儿童出行交通方式略有不同,以小汽车、步行以及电动自行车为主,依次占总出行量的 16.2%、43.8%和 14.4%;

6. 六年级儿童出行以小汽车、步行以及电动自行车为主,三种方式依次占总出行量的 12.8%、57.6%和 11.5%。此外,儿童出行交通方式中,步行是最主要的出行方式,约占总出行量的 45.0%,并且所占比例随着年龄的升高而增大;电动自行车所占比例相对较为恒定,维持在总出行量的 20.0%左右;公共交通比例基本在 10.0%以下,主要是由于大部分学生都是就近入学;小汽车出行比例也较为稳定。由于儿童(18 周岁以下)不具备拥有驾照的条件,因此这里的小汽车出行均为乘坐小汽车的出行;由于儿童体重随着年龄的增加而增重,在不能单独骑自行车的情况下,搭乘自行车越来越显不便,所以,自行车出行比例随着年级升高而逐渐下降。从总体的发展趋势可以看出,随着儿童年级的不断升高,其出行独立性逐渐增强,从侧面也反映出对家庭成员的约束力逐渐减小。

儿童出行选择交通方式随年龄的变化特性(单位:%)　　表 2-2

年级组 \ 交通方式	小汽车	步行	自行车	电动自行车	公共交通	其他
一年级组	11.9	41.9	19.7	19.3	5.6	1.5
二年级组	11.7	38.4	23.6	21.4	3.3	1.5
三年级组	16.3	42.0	19.2	18.0	3.3	1.2
四年级组	13.3	44.8	20.2	15.4	4.9	1.5
五年级组	16.2	43.8	14.2	14.4	8.8	2.6
六年级组	12.8	57.6	7.9	11.5	7.8	2.4
总体出行构成	13.4	45.0	17.6	16.4	5.9	1.7

2.2.2 接送人员随年龄变化特性

通过分析问卷调查数据，得到儿童上学由家长(包括所有家庭成员)接送的比例情况，如图2-4所示。从图2-4可以看出：

1. 儿童上学由家长接送的比例整体高于儿童独立上学；
2. 儿童独立上学的能力随着年级增高呈上升趋势，从一年级的28.8%上升至六年级的57.4%，说明随着年龄的增长，儿童独立上学的能力逐步提高；
3. 从五年级开始，独立上学的比例开始超过家长接送的比例，但家长接送的比例仍维持在较高的水平。

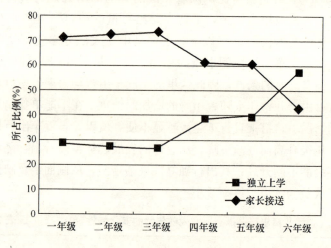

图2-4 各年级儿童独立上学/家长接送比例

对各年级儿童上学接送人员调查数据进行处理分析，目前儿童上学接送人以父母(爸爸、妈妈)为主，占总量的89.4%，其中妈妈接送的比例高于爸爸(分别为50.6%、38.8%)；儿童上学由爷爷奶奶接送的比例较小，占总量的7.8%。各年级儿童上学接送人员比例分布如图2-5所示。

从各个年级的比例变化趋势来看，随着小学生年级的升高，妈妈接送小学生上学的比例逐渐升高，而爸爸、爷爷以及奶奶的接送比例逐渐下降。从图2-5也可以看出，在接送小学生的家庭

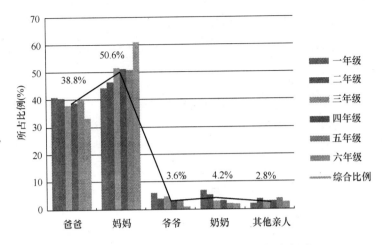

图 2-5 各年级儿童上学接送人员比例分布图

责任中,母亲承担了大部分的责任,并随着小学生的成长,其责任承担量逐渐增大,或与儿童面临小升初、学业加重有关。

2.2.3 平均出行时耗随年龄变化特性

儿童单次出行的平均时耗维持在 20min 以内,变化趋势以二年级和五年级为拐点呈 S 形分布,一年级至二年级出行时间减少,二年级至五年级出行时间逐渐增加,五年级至六年级又有所减少,其中五年级儿童单次出行时耗最长,平均为 18.1min;二年级儿童单次出行时耗最短,平均为 15.4min。从图 2-6 可以看

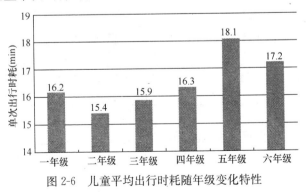

图 2-6 儿童平均出行时耗随年级变化特性

出,随着年龄的增长,儿童出行时间总体呈上升的趋势,主要原因是儿童的独立性增强、活动范围增大,所以出行需要的时间也增加。

2.2.4 平均出行距离随年龄变化特性

随着年级的升高,儿童平均出行距离呈现平稳中逐渐增加的趋势,如图2-7所示。其中,五年级儿童的出行距离最长,平均为5.3km;二年级儿童的出行距离最短,平均为4.3km。二者之间的平均出行距离差异明显。

从2.2.1节的交通方式选择分析可以看出,一至四年级儿童出行的主要方式基本一致,因而出行距离相差不大,儿童随着年龄增加其自主活动性增强,出行距离总体逐渐增大。低年级儿童出行方式中有较大比例的步行出行(即近距离出行,如一、二年级步行分别占41.9%和38.4%),即出行距离较短。高年级儿童由于自身出行独立性的逐渐完善与养成,其活动范围逐渐增大,选择公共交通等远距离出行方式的比例增大,因此平均出行距离逐渐增加。

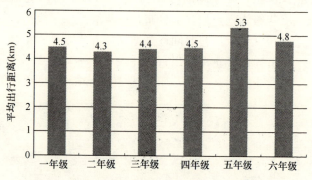

图2-7 儿童平均出行距离随年级变化特性

2.2.5 出行出发时刻随年龄变化特性

据调查,小学上课时间一般为8:00。随着儿童年龄增大,平均出发时刻逐渐后延。究其原因,主要是低年级儿童往往需要父母或家人接送上学，即使是自己上学也往往是步行，速度较慢，需要的时间较长；而高年级儿童自主活动性强，能够独立上学，也能选择公共交通等快速交通方式，所以需要的时间相对较短，选择出行的时刻也较晚。

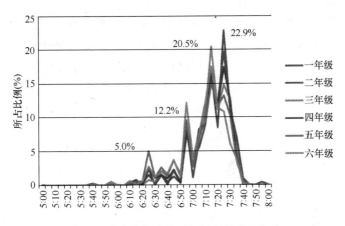

图 2-8　儿童出行出发时刻随年龄变化特性

2.3　儿童出行行为特征演变趋势分析

为研究我国儿童出行的演变趋势，对西方发达国家尤其是美国的儿童出行进行深入研究，一方面可以学习美国儿童出行的安全经验，另一方面美国的儿童出行演变对我国儿童出行的演变趋势研究具有一定的借鉴意义。

美国是目前世界上儿童出行最安全的国家之一，这主要是由于美国的儿童出行有很大比例采用校车的交通方式。大型学校巴士可以为儿童出行提供保护，通过学习美国等西方国家先进的校车运营管理经验，可以对我国的校车发展有所裨益。

本节通过分析美国居民出行调查数据（NHTS），对比美国儿童(0~18岁)1969年~2001年的出行差异，分析美国儿童出行的演变趋势，根据我国现状的社会经济数据，对比我国目前所处的、与美国相似的发展阶段,从而分析我国儿童出行的演变阶段,为制定相关儿童出行政策提供理论依据与支撑。

2.3.1 数据概况

分析数据来源于美国交通运输部,分析目的是研究美国儿童上学的交通变化趋势(1969年～2001年)。1969年的数据来源于美国运输部公开发表的一份儿童上学的交通过程研究报告(Beschen,1972)。这份报告包含详细的、不同年级间的儿童出行(从家到学校)行为特征数据,具体内容包括出行方式、出行距离、出行时间等。最新的数据(2001)来源于美国安全管理局(NHTS),为保证1969年与2001年数据对比的公平性与准确性,选择5～9月间工作日内从家到学校的出行数据作为研究对象。这些出行数据对于研究不同交通方式的儿童出行特征具有重要意义。对于具体的出行特征分析来说,无论是先采用步行的交通方式抵达校车车站后换乘校车,或在到达学校前由于其他原因而产生额外出行,亦或是家庭中兄弟姐妹一起上学,这些都可以通过对以上数据进行研究。出行的终端目的地为家(或者学校),家和学校形成一个完整的出行链,在这中间到达的其他目的地作为完整出行链的组成部分。

对数据进行前期处理,可知9%的学生在到达学校前都会由于其他目的产生额外停顿。这部分学生中,64%会生成一次15min以内的到达中间目的地的出行,少数的学生会生成一次较长时间的停顿。例如,2.5%的学生会在中途车站停顿超过30min。这部分数据在分析儿童出行特征时会进行剔除,因为这些学生在上学前要进行具有重要目的的活动,如生病看医生或者参加补习等。剔除以上特异性数据后不会改变最终结果。数据整理后包含10755次完整的出行链,表2-3是对1969年～2001年的统计数据进行说明。

这里给出的出行距离大部分为家与学校间的距离。1969年和

完整出行链(家—学校)统计数据(1969年～2001年)　　表 2-3

年　份	1969年	2001年
数据量	6000 户	10775 人
小学组(1～6年级)	58%	60%
中学组(7～8年级)	15%	15%
高中组(9～12年级)	26%	25%
性别女	无数据	49%

注：1. 1969年数据调查以家庭为单位；
　　2. 1969年调查数据默认儿童数量为6000，但通常美国家庭每户子女都不是独生子女。

资料来源：Noreen C. McDonald. Children's Travel: Patterns and Influences. University of California, Berkeley. 2005.

2001年都包含出行距离的数据，但是1969年的数据来源于入户调查，因此其数据更为精确；1969年的数据只给出了家到学校的出行距离，2001年的数据给出了家与学校间出行链中包含中间目的地的任意段出行距离。如果儿童出行直接从家到学校而不存在中间目的地，则这段出行距离即为家到学校的出行距离，这部分数据占到总数据量的91%，但如果儿童在家与学校间产生一次以上的停顿，例如，送弟弟妹妹上学后自己再上学，则这种出行距离不等于家到学校的距离。为处理这种情况，本文分别计算家到学校的完整出行链距离和起讫点非基于家到学校的出行距离，文中数据分析所用数据都为第一类的完整出行链的出行距离。

调查对象非常精确地给出了出行时间和出行距离，例如，13%的被调查者表明他们的出行距离正好为1英里，这意味着精确定义的范围问题。在以下的图表分析中，都采用1969年的数据处理标准，并且出行距离采用下限值。例如，一次0.5～1英里的出行将不被计为是1英里的出行。

最后，采用由NHTS(美国国家安全局)专家根据美国人口计算出的样本权重，目的是确保2001年数据和1969年数据的可比性。

2.3.2 交通方式演变趋势

在三十年中，儿童出行的交通方式产生了天翻地覆的变化。机动化率由1969年的16%上升到2001年的55%。与此同时，步行和自行车出行率降低近70%，从1969年的42%降低到2001年的13%，具体见图2-9。

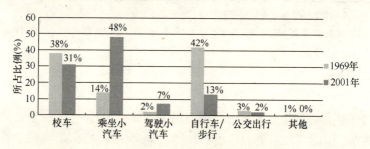

图2-9 上学出行的出行分担率变化(1969年和2001年)

注：1969年步行和自行车出行是统计在一起的，2001年步行比例为12%，自行车出行1%。

资料来源：Noreen C. McDonald. Children's Travel: Patterns and Influences. University of California, Berkeley. 2005.

以上数据并未按学校类型进行具体划分。三种类型的学生（小学、初中、高中）都经历了步行和自行车出行向小汽车出行的剧变，特别是高中生经历了校车出行向驾驶小汽车出行的巨大转变。1969年，38%的高中生乘坐校车上学，而2001年，这个比例几乎下降一半达到19%（见表2-4）。与之类似，1969年，只有8%的高中生驾驶小汽车上学，而2001年，29%的高中生开车上学。这充分体现了机动化对当代青少年的影响。2001年，超过40%的16~18岁年龄段的青少年接触过私家车。此外，很多学区取消了针对高中生的校车服务（McDonald，2005）。

上学出行分担率的变化(1969年和2001年,单位:%) 表2-4

交通方式	1969				2001			
	小学	初中	高中	综合	小学	初中	高中	综合
校车	37.3	42.3	37.7	38.1	33	39.4	19.4	30.6
乘坐小汽车	12.2	12.3	19.8	14.3	50.8	46.2	40.5	47.5
驾驶小汽车	—	—	7.6	2.0	—	—	29.4	7.4
步行/自行车	49.3	41.6	26.4	42.0	15.4	11.5	7.8	12.9
公交	0.8	2.7	8.1	3.1	0.7	2.9	2.8	1.6
其他	0.4	1.1	0.4	0.5	0.1	0	0.1	0.1
合计	100	100	100	100	100	100	100	100

注:2001年的调查数据只有年龄,因此定义幼儿组年龄界限为5岁。
资料来源:Noreen C. McDonald. Children's Travel: Patterns and Influences. University of California, Berkeley. 2005.

研究的最初阶段需要对学校出行现状进行深入了解。通过比较1969年和2001年的数据,可以得到在三十年内儿童出行产生的变化。1969年近一半的学生采用步行或者自行车出行的交通方式上学,而2001年只有13%的学生步行上学,这种变化是伴随着机动化迅速发展而产生的。以下分别分析上学出行的方式分担率、出行距离和出行时间产生的变化。

2.3.3 出行距离分布演变趋势

1. 出行距离分布分析

出行方式改变的原因之一是与1969年相比儿童家庭与学校的距离变长。例如,1969年,35%的学生家与学校间距离小于1英里,而2001年,只有18%的学生仍然住的这么近(具体见图2-10)。与此同时,居住地与学校距离大于3英里的学生比例增长近20个百分点,即由1969年的33%到2001年的52%,而这主要集中在小学生中。现今只有24%的小学生其家与学校间的距离小于1英里,而1969年,这个比例几乎是2001年的两倍,如图2-10所示。

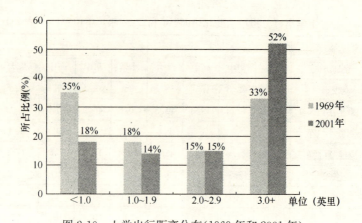

图 2-10　上学出行距离分布(1969 年和 2001 年)

资料来源：Noreen C. McDonald. Children's Travel：Patterns and Influences. University of California，Berkeley. 2005.

2. 交通方式与出行距离交叉分析

学生家庭与学校间距离的变化会对其交通选择产生一定的影响。分析当前数据发现这种影响是很明显的。相比于总体数据中只有 13% 的学生采取步行上学的交通方式，家与学校距离很近的学生大部分采用步行的交通方式。对于家与学校距离小于 1/4 英里的出行，步行交通方式的比例达到 79%。0.5 英里以内的为 69%，1 英里以内的为 54%。而超过 1 英里的出行，只有 3% 选择步行交通方式。同时要注意到超过 80% 的学生其家与学校的距离都超过 1 英里。这是个很有意义的发现，因为这将学生的交通方式选择与出行距离联系起来。

小汽车出行的分担率随着家与学校距离的增加而增加(2 英里以内)，之后随着距离的增加略微下降，究其原因可能是家长不愿意浪费更多的时间接送儿童，而且对这部分学生来说校车服务是更好的选择。当学校的距离超过 1 英里的时候，校车使用量稳步增长，大概是因为多数的学校在半径 1 英里至 1.5 英里外的学区提供校车接送服务。将步行和自行车出行分到一个类别里意味着它们对学校出行方式是同等重要的。但事实并非如此，只有

0.7%的学生骑车上学。骑车上学最多占 0.5 英里到 1 英里间出行的 2.4%，这些数据显示出学校出行的方式主要是步行。

2.3.4 出行时耗分布演变趋势

1. 出行时耗分布分析

尽管学校出行的方式划分和出行距离有较大变化，但 1969 年和 2001 年的出行时耗相差不大。各时段的出行时耗分布基本一致。最引人注目的变化是出行时耗在 10min 至 19min 那部分下降了 6%。同时，这个分组所占比例的下降伴随着邻近两个分组比例的轻微上升。家长为了弥补家与学校距离远的劣势会使用更快捷的交通方式，比如小汽车。这些发现类似于那种伴随着出行距离增长而出行时间稍微增加的成人出行研究成果（Mokhtarian & Chen，2003；Hu & Reuscher，2004）。

2. 交通方式与出行时耗交叉分析

比较 1969 年和 2001 年学校出行数据，可以发现学生到学校的出行方式有较大改变。上述研究表明家庭和学校之间距离长可能是学生选择机动车方式出行的重要原因。然而，这不能解释观测到的步行比例随着出行距离改变而减少的现象。对于所有的出行距离，2001 年的学生步行和骑自行车的比例比 1969 年时要少（见图 2-11）。例如，在 1969 年，家庭住址距离学校 1 英里内的学生步行或骑车的比例为 87%。而在 2001 年，相似出行距离的学生中选择步行或骑车所占的比例为 55%，比例下降了 32%。

一个简单的假设实验可以帮助预测家与学校距离的变化对步行比例减少产生的影响。假设 1969 年和 2001 年所有的交通方式变化是由于出行距离的变化而不是其他变化引起的；学生家庭没有买更多的小汽车，女性也没有大量地进入劳动力市场。换言之，只有家到学校的距离改变了，其他因素都保持不变。在这种假设前提下，根据 1969 年的步行出行距离分布比例能预测家到学校的距离，2001 年的学生出行距离的分布能预测出学

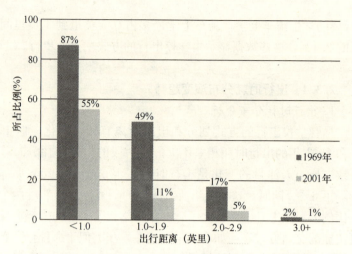

图 2-11 1969 年和 2001 年步行与骑车占出行距离的比例
资料来源：Noreen C. McDonald. Children's Travel: Patterns and Influences. University of California, Berkeley. 2005.

生家庭住址。如果 2001 年相比 1969 年所有的变化仅仅是距离的增加，那用一个加权的平均数就能预测出期望的步行与骑车的比例。这种方式能估算出的步行与骑车的比例为 26%，大约是 1969 年实际比例 42% 的一半，占 2001 年实际比例的 13%。这表明出行距离增加占步行下降比例的一半，同时占骑车增加比例的一半。

因此，任何对学校出行方式改变的研究都要考虑如郊区化对距离的影响、学生出行方式选择的影响以及家庭对步行上学的态度产生的影响等。

2.3.5 出行政策演变趋势

政策影响学校位置，而学校位置受学区合并、学校选址等因素影响，学生择校影响了学生到学校的距离。学校是否提供免费接送上下学的交通服务会影响学生上下学的交通方式选择，没有免费校车时，学生更倾向于乘坐汽车上学。

1. 学校选址指南

每个州设置了学校选址标准来指导校区的新建和改建。这个标准是由教育设施规划委员会(CEFPI)制定的。截止到2004年，这些标准要求的各年级学生人均面积有所改变(CEFPI 1991)。学校的位置和开设的课程没有影响到学校校园所需的面积。该标准使得各区域在土地面积大并且价格低廉的郊区建造学校(Vincent、Ewing和Green，2003年)。另外，一些地区发现由于当初没有按照标准建设学校，改建现有的校区难以施行。这个经常是因为学校关闭或在另外一个地方建造了一所新学校。在郊区建学校对出行距离有一个很直接的影响——增加了出行距离。这表明该标准有助于减少学生上学距离。

在2004年8月，教育设施规划委员会修订了指南，删去了最小面积的限制(CEFPI2004a)。2004年底之前，22个州已经采用了这些修订指南(Vincent)。同时，他们发布了一份关于学校数量增长情况和学校未来规划的出版物(CEFPI2004b)。现在来评论新政策的影响还太早，土地将仍然是社区最昂贵的东西。但这些政策使学校设计更加容易，并且对于学校选址的建议能让学生减少上学距离。

2. 学校合并

学校合并影响学生到学校的步行距离。在二战之前整合学校的重点是为了使学校所在的地区能提供给学校较好的教育资源。从1952年到2002年，美国学校的数量减少了80%(Vincent)。根据定义，关闭学校和地区重组增加了许多学生的出行距离。最近小规模学校的移动和农村教育拥护者强烈反对这一趋势(Vincent、Andrews，2002年)。学校合并的争议主要集中在教育产出上，但一些作者(Andrews，2002年)在反驳学校关闭论时认为出行时间的交通成本和机会成本大幅增加了。尽管这一反对理由可能放缓学校合并的步伐，但它无法改变过去30年的情况，这也是过去30年中，家到学校距离增加的一个原因。

3. 择校

最近几十年里，择校现象日趋增加。尽管私人和宗教学校已经长期代替了公立学校系统，许多学生可以免费上委办学校。2002年1月，联邦政府签订了一个关于新型择校机制的法案，以保证不让任何一个孩子掉队。该法律规定，在学校没有获得"年度进步奖"的学生至少在两年内可以参加高等教育考试（美国教育部，2005年）。实际上，大部分择校行为意味着学生从一个离家较近的学校转学到一个教学质量更好的学校。这可能是家庭到学校距离分布变化的一个背后因素。

4. 校车的取消

二战之后，学校对学生提供上下学交通出行服务一直是一个传统，而且大多数都是免费提供。在美国，许多社区的黄色车队都是一个常见的景点。然而，因为宪法没有保障学校免费提供交通出行的权利（Kadrmas v. Dickinson Public Schools, 487 U.S. 450, 462 (1988)），近年来，许多学区为了节省资金已经取消免费提供上下学交通出行这项服务（McDonald, 2005）。这一现象在某些州尤为突出，例如加利福尼亚州和马赛诸塞州。因为这些州没有法律规定必须为学生提供交通出行服务。

不幸的是，国家安全局没有过问校车在这些州设立的可行性。取消校车使乘坐小汽车出行去学校的人次增加。然而，校车的使用呈现整体下降趋势，许多地区首先取消校车服务，并且在高中阶段最为显著。

2.3.6 社会特性演变趋势

在美国社会中，人口和人生态度的转变也影响了通过走路上学的学生比例。郊区化、小汽车拥有率和女性劳动参与率的提高直接增加儿童乘坐小汽车去学校的比例。

美国持续的郊区化背后是出行距离分布的外移。概括地说，郊区化标志着社会活动由高密度地区向低密度地区发展、汽车保有量提升乘车从一个郊区去另一个郊区的趋势高于去中心城市的趋势。这使得许多社区考虑将学校建在适合大多数儿童步行就能到达的地方变得很困难。

在人迹稀少地区，将学校建在所有学生都能接受的步行距离范围内是一件不大可能的事情。例如，一所小学（假设它有250名学生），如果每平方英里有50人，那就需要16平方英里的面积；而如果每平方英里有1000人，则仅需要不到1平方英里的面积就可以满足。在两种情况下，大部分的学生最终将结束从家到学校超出可接受步行距离的生活。主要考虑到：1）36%的孩子（6~15岁）其家庭位于在每平方英里不足1000人的地区；2）远郊边缘地区人口增长率同样为36%。这两种情况下，规划者想要对很多社区学生步行上学的比例进行根本性地转变变得非常困难，即使是在一些正在兴建新学校的社区。

2.3.7 我国儿童出行的演变阶段分析

由于我国目前正在经历的社会经济发展和人民生活水平变化与美国二战后面临的社会变化很相似。因此通过研究美国儿童出行的演变趋势，一方面可以学习美国儿童出行的安全经验，另一方面美国的儿童出行演变对于分析我国儿童出行的演变阶段具有重要的借鉴意义。

本节通过分析美国居民出行调查数据（NHTS），对比美国儿童（0~18岁）1969年~2001年的出行差异，分别就交通方式、出行距离、出行时耗、出行政策与社会特性几方面深入分析其儿童出行的演变阶段。通过分析不难看出，当时的美国（1969年~2001年）正在经历人民生活水平迅速提高、机动化迅速发展的阶段，而当今我国也正处于这种社会变革之中。同时美国也是目前世界上儿童出行最安全的国家之一，因此，分析美国儿童出行演变趋势对研究我国儿童出行的演变阶段具有很强的指导性和借鉴意义。以下分别就我国儿童出行特征：交通方式、出行距离、出行时耗、出行政策与社会特性变化具体分析其演变阶段。

1. 我国儿童交通方式演变分析

在过去的三十年中,美国儿童出行的交通方式产生了天翻地覆的变化。与之相似,2006年以来,我国的机动化水平迅速发展,以北京市为例,2006年北京市机动车保有量为287.6万辆,2008年为313万辆,2010年为480.9万辆,2012年2月15日,最新统计信息北京市车辆总量为501.7万辆。机动化水平在短短5年时间里飙升至过去的1.74倍。与此同时,由于机动车出行分担率地提升,步行和自行车出行率迅速降低。概括来说,过去大部分学生采用步行或者自行车出行的方式上学,而现今只有少数的学生步行上学,这种变化是伴随着机动化迅速发展而产生的。

2. 我国儿童出行距离演变分析

随着我国经济迅速发展,城市化进程不断加快,居民居住地与工作地点和学校的距离与过去相比明显增大。因此,与过去相比,我国儿童上学的出行距离不断增大。但由于国家就近入学的政策,儿童出行距离还是受到一定的限制,因此儿童出行的平均距离小于成人的平均出行距离即儿童组的空间活动范围远小于成人组。概括来说,随着经济的快速发展,我国儿童出行距离将会逐渐增加,但就近入学的政策使得儿童上学的出行距离受到一定限制。在此过程中,出行距离的变化反作用于机动化的发展。

3. 我国儿童出行时耗演变分析

由于我国儿童出行距离的增加,其出行时耗与过去相比也有相应的增长。但是家长为了弥补家与学校距离远的劣势,会使用更快捷的交通方式比如小汽车出行。同时受国家就近入学政策的影响,虽然我国儿童出行时耗略微增长,但总体上学校出行的方式、各时段的出行时耗分布基本一致。概括来说,我国儿童出行时耗随着出行距离增长而略微增加,但总体出行时耗分布与过去相比基本一致。

4. 我国儿童出行政策与社会特性演变分析

对比分析美国与我国儿童出行政策与社会特性的异同,可以发现，影响我国儿童出行政策与社会演变分析的内容包括学生择校、校车的发展、郊区化的趋势等。我国儿童入学的基本政策是就近入学，但是也有部分学生并非选择最近的学校而是在附近几所学校中择优选择。这也就间接影响了家与学校间的距离。美国的校车制度世界闻名，二战之后，学校对学生提供上下学交通出行服务一直是一个传统，而且大多数都是免费提供。由于我国正处于社会经济迅速发展时期，借鉴美国的校车运营管理经验并创造出适合我国儿童出行的校车政策，也是我国儿童出行政策演变的必然结果。同时，随着城市化进程的发展，居民居住郊区化也必然成为未来的发展趋势，这将直接导致儿童出行距离的增加。这种情况下，规划者想要对很多社区学生步行上学的比例进行根本性地转变变得非常困难，即使是针对兴建新学校的社区。这都是我国儿童出行政策与社会特性演变中需要注意的问题。

2.4 家庭社会经济属性对儿童出行方式的影响

2.4.1 家庭收入对儿童出行方式的影响

不同家庭收入对儿童出行的交通方式具有一定的影响。根据调查问卷，按家庭收入不同将调查家庭划分为三大阶层：1. 中低收入家庭（家庭月收入 5000 元以下）；2. 中等收入家庭（家庭月收入 5000~20000 元）；3. 中高收入家庭（家庭月收入 20000 元以上）。同时，由于不同家庭成员分工不同，即只有部分家庭成员承担接送儿童上下学任务。因此，以下分别分析不同家庭收入、家庭成员分工不同对儿童出行方式的影响。

如图 2-12 所示，分别对比不同收入条件下有无接送儿童的家庭出行方式。对比低收入家庭有无接送儿童出行方式可以发现，对于无接送儿童的家庭，主要出行方式为步行。对有接送儿童的家庭来说，主要出行方式为步行与自行车出行，同时由于家庭经济因素限制，儿童上学机动出行（小汽车出行）的比例相对较低。

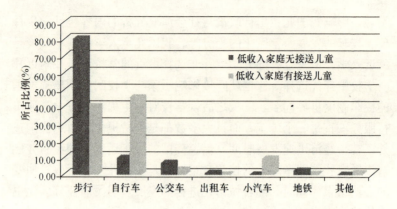

图 2-12 低收入家庭有无接送儿童出行方式对比图

对于中等收入家庭,无接送儿童仍然主要采用步行的交通方式。对于有接送儿童,除步行和自行车出行外,其他机动出行方式迷微增加,小汽车出行的比例明显增加,这直接反映了家庭经济因素对儿童出行的影响。具体如图 2-13 所示。

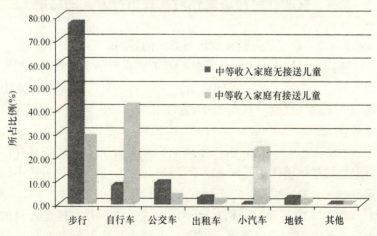

图 2-13 中等收入家庭有无接送儿童出行方式对比图

对于高收入家庭,无接送儿童依然主要采用步行的交通方式。对于有接送儿童,虽然出行方式仍然为步行,自行车出行与小汽车出行,但是这种情况下小汽车出行方式分担率超过了步行与自行车出行，成为儿童上下学最主要的出行方式。结合不同收入水平下的机动车出行比例变化，可以，明显发现随着家庭经济水平的提高，小汽车出行的比例越来越大如图 2-14 所示。

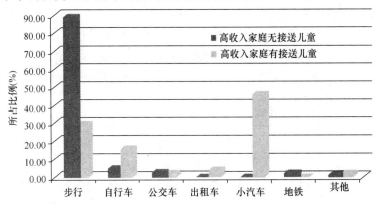

图 2-14 高收入家庭有无接送儿童出行方式对比图

综合以上各部分数据，分析不同家庭收入对儿童出行方式的影响，由图 2-15 可以看出，随着家庭经济条件的提高，小汽车出行的比例逐渐增高；中低收入水平家庭的自行车、电动车出行比例基本一致，但高收入家庭的自行车、电动车出行比例明显降低；对比中低收入家庭，可以发现中等收入家庭步行比例低于低收入家庭，其他交通方式比例基本一致，这部分减少的比例增加到小汽车出行中；高收入家庭的步行比例高于中等收入家庭，自行车、电动车比例明显降低，而小汽车出行比例明显高于中低等

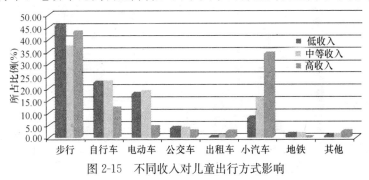

图 2-15 不同收入对儿童出行方式影响

39

家庭收入家庭。

2.4.2 家庭与学校间距离对儿童出行方式的影响

儿童家庭与学校间距离的变化会对其出行选择产生一定的影响。根据本次调查数据，相比于儿童出行总体数据中 40.1% 的儿童步行出行方式。家与学校距离近的儿童大部分采用步行的交通方式。随着家与学校间距离的增加，儿童出行采用步行交通方式的比例逐渐下降。对于家与学校距离小于 1km 的出行，步行交通方式的比例达到 88.7%。家与学校距离 1~3km 以内的 50.5% 的儿童采用步行的交通方式。而 3km 以外仅有 1.8% 的儿童仍然采用步行的交通方式。同时我们要注意到 44.3% 的学生居住距离都超过 3km，这也就意味着家与学校间的距离普遍过大，同时由于儿童上学出行时间集中，儿童出行将对交通造成一定的负面影响。

同时，通过分析家与学校距离对儿童出行方式影响，如图 2-16 所示，我们可以发现小汽车出行的分担率随着家与学校距离的增加而增加（3km 以内），之后当家与学校间的距离达到 3km，小汽车出行的比例迅速提高，达到总出行比例的 49.8%。除此之外，对于这部分的儿童出行，自行车与电动车也占了一定的比例，这与我国具体国情有很大关系。

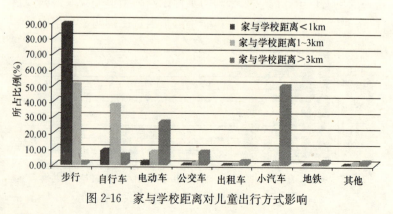

图 2-16　家与学校距离对儿童出行方式影响

2.5 国内外大城市儿童出行行为特征对比分析

本节利用北京市 2011 年居民出行调查数据和 2009 年的美国 NHTS 调查数据（纽约），对两个国家之间大城市儿童出行行为特征进行对比分析：一方面总结国内外大城市儿童出行的特性差异；另一方面，北京与纽约同属于国际化的大都市，纽约是一个机动化程度很高的城市，2009 年的机动车保有量约为 800 万辆。而北京 2010 年底达到 500 万辆，机动化发展迅速，不久的将来就会达到并赶超发达国家大城市的机动化程度。因此，对比两城市之间儿童出行特性的差异亦对北京儿童出行的发展趋势具有前瞻性意义。

2.5.1 交通方式

从表 2-5 可以看出，北京儿童以非机动方式（步行＋自行车）出行为主，占总出行的比例为 56.5%；纽约儿童以机动化方式（公共交通＋小汽车）出行为主，占总出行量的 80.9%。此外，2009 年，纽约的机动车保有量约为 2011 年北京机动车保有量的 1.6 倍，纽约儿童的小汽车出行比例显著高于北京儿童，约为北京儿童的 3 倍多。在公共交通的出行比例方面国内公交出行所占比例远远小于纽约。

中美大城市儿童出行交通方式结构对比（单位：%）　　表 2-5

儿童出行交通方式	步行	自行车	公共交通	小汽车	电动车	其他	合计
北京（2011 年）	38.6	17.9	4.8	18.8	15.9	4.0	100
纽约（2009 年）	15.8	2.3	19.0	61.9	0.0	0.9	100

资料来源：美国 2009 年居民出行调查。http://nhts.ornl.gov/download.shtml#2009。

表中数据表明：随着城市的机动化进程不断发展，儿童出行的交通方式结构可能会从非机动化方式向机动化方式转变，并逐渐被机动化方式主导。

2.5.2 出行时耗与出行距离

儿童的出行时耗与出行距离是反映其出行活动范围与能力的重要指标。依据两城市的居民出行调查数据可知，北京儿童上学出行平均时耗与距离为 21.3min 和 6.7km，纽约儿童单次出行平均时耗与距离为 16.5min 和 8.6km，如表 2-6 所示。比较两城市数据发现：(1) 在出行时耗方面，单次出行平均时耗北京儿童大于纽约儿童，具体时耗多大约 4min。(2) 在出行距离方面，北京儿童的单次出行平均距离略小于纽约儿童。可见，北京儿童的出行活动范围比纽约儿童小，从前述的出行目的构成亦可得出这一结论。

中美大城市儿童平均出行时耗对比　　　　表 2-6

北京 2011 年数据		纽约 2009 年数据	
单次出行平均时耗 (min)	单次出行平均距离 (km)	单次出行平均时耗 (min)	单次出行平均距离 (km)
21.3	6.7	16.5	8.6

资料来源：美国 2009 年居民出行调查。http：//nhts.ornl.gov/download.shtml#2009。

2.5.3 出发时刻

根据数据对比发现，两城市儿童的出发时刻分布图差异明显。与纽约儿童相比，北京儿童的出行更为集中，形成更尖锐的早晚通勤高峰。同时，纽约儿童出行的早高峰时段与北京儿童一致，而晚高峰时段则与北京儿童不同，其晚高峰出行时段要早于北京儿童。

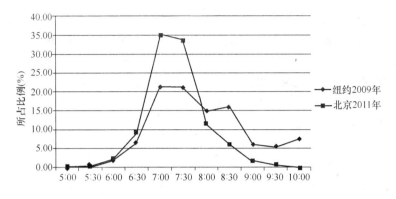

图 2-17 纽约儿童与北京儿童出行出发时刻对比分析图

2.6 小结

本章在 2011 年北京市西城区儿童出行调查数据的基础上，对儿童出行特性进行统计分析。研究从五个方面展开：北京儿童出行基本行为特征、儿童出行特性随年龄变化趋势、儿童出行行为特征的演变趋势、家庭社会经济属性对儿童出行方式的影响以及国内外儿童出行特性差异分析。

在对儿童出行特性进行统计分析时，将其出行特性与成年人（19～60 岁）进行对比分析。统计分析结果表明：儿童组出行率低于成人组，儿童组的出行率在性别上差异较小，儿童出行的交通方式以步行为主。同时自行车与公共交通亦为常用交通方式，小汽车出行呈加速上升趋势。上学是儿童最主要的出行目的，其平均出行时耗与距离均小于成人组，儿童出行的早高峰时段一般在 6∶40～7∶40，早于成人出行早高峰。

儿童出行特性随年龄变化趋势明显。儿童出行率、平均出行时耗以及平均出行距离表现出随年龄增大而逐渐增长的趋势。但学龄前的儿童出行特性与此趋势不符，主要原因是学龄前儿童尚无独立出行能力，更多为由成人陪伴的出行，因此出行特性更接近成人。

近年来，北京市儿童出行特性的变化显著，演变趋势明显。与美国儿童出行演变类似，儿童出行率呈下降趋势。交通出行方式结构中，小汽车增长迅速，而自行车出行群体下降最大，公共交通出行比例呈现上升趋势，出行目的依旧以上学为主，平均出行时耗与平均出行距离均呈现减小趋势，出发时刻在高峰时段更加集中，形成更为尖锐的早晚出行高峰。

家庭经济社会属性对儿童出行方式影响部分，主要分析了家庭收入与家到学校间的距离对儿童出行方式的影响。通过对比，得到了随着家庭经济条件的改善，小汽车出行的比例逐渐增高，小汽车出行的分担率随着家与学校距离的增加而增加的结论。

对比国内外大城市儿童出行行为特征发现，与我国儿童相比，国外儿童的出行率更高、出行目的更为丰富、活动能力与活动范围也较大，而早晚出行高峰却并不集中、尖锐，出行决策理性、合理。

第3章 儿童出行对家庭成员选择行为约束模型研究

儿童出行以及对家庭成员的出行约束在不同年龄段上的特征差异明显。第一个年龄段是学龄前儿童。由于儿童尚处于学龄前,自身出行需求较小,同时考虑安全性等方面,基本不具有独立出行的能力,出行均需要成人伴随,因此对成人出行产生的影响是刚性约束;第二年龄段为小学时期儿童。处于无独立出行能力与基本具备出行能力的过渡期,随着年龄的逐渐增大,其出行对家庭成员的伴随需求逐渐降低,对成人出行产生的影响是可调节的弹性约束。第三年龄段为中学时期儿童。该时期已经基本具备独立出行的能力,其出行特性逐渐接近成人,基本不需要成人伴随,对成人出行无约束。据此,可将不同时期儿童对家庭成员出行的约束类型进行总结,如图3-1所示。

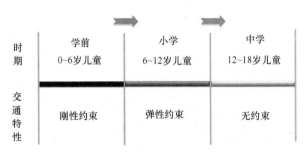

图3-1 不同时期儿童对家庭成员的出行行为约束类型

因此,从交通管理者的角度出发,6~12岁的儿童出行对成人出行具有可调的弹性约束,对其需求进行管理是最合适的,也是行之有效的。为了便于建模与分析,模型样本仅选择了受儿童出行需求约束的上班出行家庭成员,考虑儿童出行需求的介入对家庭成员在上班出行决策过程中的约束影响。

在以往的居民出行调查问卷设计中,儿童与成人的出行信息是独立进行记录的,并未考察二者之间的出行约束问题。本书以北京市中心城区为例,为研究小学生出行对家庭成员选择行为的约束影响,调查选取了5所不同类型的小学进行调查,根据学校的规模及公众的认可度将其分为优质小学(2所)、次优质小学(2所)和一般小学(1所)。问卷对2011年某周三儿童及其家庭成员的早高峰出行情况进行调查,并利用不同类型学校调查获得的数据分别进行建模,不同类型的学校样本所呈现的交通特性也有所差异。调查样本概况及有效率如表3-1所示。调查的总有效样本量为3601例,各类型样本有效率均大于80%,数据是可靠有效的。

儿童出行调查样本概况　　　　表 3-1

学校类型	样本类型	有效样本量	总样本量	有效率(%)
西师附小 (优质)	家庭样本(户数)	1547	1596	96.93
	儿童样本(人数)	1548	1552	99.74
	所有家庭成员样本(人数)	4356	4889	89.10
复外一小 (优质)	家庭样本(户数)	749	810	92.47
	儿童样本(人数)	736	799	92.12
	所有家庭成员样本(人数)	2045	2467	82.89
登莱小学 (次优质)	家庭样本(户数)	525	553	94.94
	儿童样本(人数)	524	555	94.41
	所有家庭成员样本(人数)	1322	1636	80.81
厂桥小学 (次优质)	家庭样本(户数)	545	553	98.55
	儿童样本(人数)	526	539	97.59
	所有家庭成员样本(人数)	1396	1608	86.82
护国寺小学 (一般)	家庭样本(户数)	265	286	92.66
	儿童样本(人数)	267	278	96.04
	所有家庭成员样本(人数)	711	837	84.95

3.1 儿童出行对家庭成员出行行为的约束影响分析

儿童出行对家庭成员出行行为的约束主要体现在三个方面：出行方式选择、出发时刻选择以及出行链构成。出行方式（出发时刻）选择约束是指由于接送儿童上下学导致的家庭成员的出行方式（出发时刻）的限制；出行链构成约束指由于接送儿童上下学导致了家庭成员具有较为复杂的出行链。

3.1.1 出行方式选择差异性分析

儿童的出行需求将影响家庭成员出行交通方式选择决策。在家庭成员的出行交通方式选择中，随着儿童出行约束的增强，家庭成员选择小汽车出行的比例逐渐增加，选择公共交通出行的比例逐渐下降。此外，即使无接送儿童需求，儿童也会对家庭成员的出行方式选择决策有一定程度上的影响，而当接送儿童的需求介入时，影响程度明显增加（有儿童有约束组为33%，有儿童无约束组为25%）。根据调查数据显示（如图3-2所示），以有儿童有约束组为例，对比有儿童无约束组，公共交通出行比例大幅下降，小汽车出行比例大幅增加。说明接送儿童的需求介入，促使家庭成员的方式选择从公共交通向私人交通转变，接送方式更倾向于私人的自主交通方式。

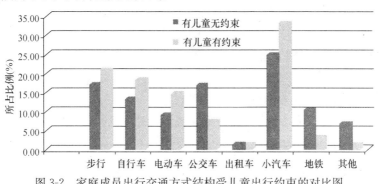

图3-2 家庭成员出行交通方式结构受儿童出行约束的对比图

同时，学校类型的差异也会影响出行方式的选择。根据调查数据（如图3-3所示），针对不同学校类型，家庭成员上班出行的方式选择存在明显差异：(1) 随着学校层次的不断提高，出行交通方式主导群体由自行车出行（非机动化方式）向小汽车出行（机动化方式）转变；(2) 优质小学与次优质小学相比较，交通方式构成差异主要表现在自行车群体与小汽车群体，而次优质小学与一般小学之间的主要差异是步行群体、公共交通群体以及小汽车群体。

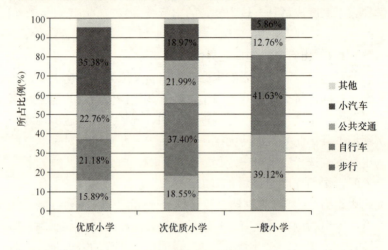

图3-3　方式选择构成差异性分析

因此，对于优质类小学，校区的交通管理应当更多倾向于小汽车出行的管理，比如停车需求、行驶秩序等；对于一般类小学，校区的交通管理则应较多倾向于步行、自行车等以非机动化方式为主的管理，比如人行横道、自行车专用道的划设等等。

3.1.2　出发时刻分布差异性分析

随着儿童出行需求的约束力逐渐增强，其家庭其他成员的通勤出行形成更加尖锐、集中的出行高峰，在非高峰时段的出行逐渐减少。儿童的介入，将一定程度上促使家庭其他成员的通勤出行高峰更尖锐，而当接送儿童的需求介入时，这种特征将更加突出，促使出行集中化，形成更为尖锐的通勤高峰。此外，随着儿童出行对家庭成员的约束力逐渐增强，为了协调学校上课时间与单位上班时间，家庭成员的出发时刻逐渐提前，如图3-4所示。

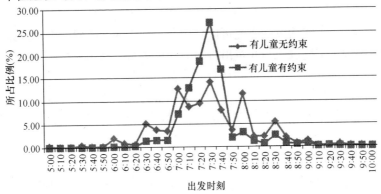

图 3-4 家庭成员出行出发时刻分布受儿童出行约束的对比图

3.1.3 出行链构成差异性分析

为便于分析，定义：简单链是指的出行链为家—单位（H-W），未链接非工作活动的出行；复杂链是指出行链为家—其他活动—单位（H-Other-W），有链接非工作活动的出行。

根据调查数据分析，无儿童无约束组与有儿童无约束组可知，由于儿童的介入将小幅增加家庭成员选择复杂链出行的概率，但并不显著；而对比有儿童无约束组与有儿童有约束组发现，接送儿童出行需求的介入，将大幅度增加家庭成员选择复杂

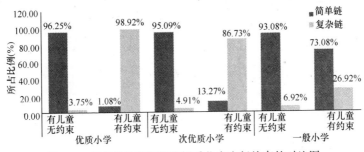

图 3-5 家庭成员出行链选择受儿童出行约束的对比图

链出行的概率（平均值约为 5% 与 85%）如图 3-5 所示。

3.2 出行方式约束模型

出行方式约束的研究可以利用非集计 Logit 模型的原理及方法，构造家庭成员与儿童出行间的约束关系。利用模型结果，可以进一步分析家庭成员的社会经济背景、儿童的个人属性、学校特性等属性对家庭成员出行方式选择行为的影响，从儿童出行需求约束的角度分析家庭成员出行方式选择行为的产生过程。

3.2.1 模型概述

MNL 模型（Multinomimal Logit Model）MNL 是 Logit 类模型的基本形式，其效用随机项相互独立且服从同一 gumble 极值分布。假设出行者 n（$n=1, 2, \cdots, N$）的选择方案集合为 A_n，则 MNL 模型具有如式（3-1）的形式：

$$P_{in} = \frac{e^{V_{in}}}{\sum_{j \in A_n} e^{V_{jn}}} = \frac{1}{\sum_{j \in A_n} e^{V_{jn}-V_{in}}}, (i \in A_n) \tag{3-1}$$

式中　P_{in}——出行者 n 的选择方案 i（$i=1, 2, \cdots, i_n$）的概率；
　　　V_{in}——出行者 n 的选择方案 i 的效用函数的固定项；
　　　A_n——出行者 n 的选择方案的集合。

效用函数 V_{in} 通常用线性函数形式可表示为式（3-2）：

$$V_{in} = \theta' X_{in} = \sum_{k=1}^{K} \theta_k x_{ink} \tag{3-2}$$

式中　x_{ink}——出行者 n 的第 i 个选择方案中所包含的第 k 个特性变量；
　　　X_{in}——出行者 n 的选择方案 i 的特性向量；
　　　K——特性变量的个数；
　　　θ_k——第 k 个变量所对应的未知参数；
　　　θ'——未知参数向量。

参照式（3-3）可得选择概率 P_{in}：

$$P_{in} = \frac{\exp(\theta X_{in})}{\sum_{j \in A_n} \exp(\theta X_{jn})}$$
$$= \frac{1}{\sum_{j \in A_n} \exp\left(\sum_{k=1}^{K} \theta_k (X_{jnk} - X_{ink})\right)}, (i \in A_n) \quad (3-3)$$

3.2.2 模型构架及参数标定结果

由 3.1.1 节的差异性分析可知，对优质小学、次优质小学和一般小学的样本数据应当分别进行模型构建与参数回归。优质小学共选取了 3125 条受儿童出行约束的家庭成员早高峰出行情况和 13 个影响方式选择行为的社会经济特性变量；次优质小学共选取了 1324 条相应出行数据和 14 个影响方式选择行为的社会经济特性变量；一般小学则选取了 832 条相应出行数据和 11 个影响方式选择行为的社会经济特性变量。然后对各个模型的变量进行恰当分组。以优质小学为例，如表 3-2 所示为优质小学的方式选择约束模型的特性变量。

优质小学的方式选择约束模型特性变量　　表 3-2

变量属性	特性变量	分组说明
个人属性	性别（x1）	男性为 1，女性为 0
	是否持有驾照（x2）	不持有驾照取值为 0，持有驾照取值为 1
	接送是否顺路（x3）	不顺路取值为 0，顺路取值为 1
儿童属性	儿童的年级（x4）	1～6 年级依次取值为 0～5
	是否能够独立上学（x5）	不能够独立上学取值为 0，能够取值为 1
	对交通法规的认识（x6）	不知道、知道一些以及很清楚依次取值为 0～2
家庭属性	家庭月总收入（x7）	0～3000 元、3000～8000 元、8000～20000 元以及 20000 元以上依次取值为 0～3
	家庭总人口数（x8）	x8 取 0～4
	小汽车拥有量（x9）	0～3 辆，x9 取值 0～3
	自行车拥有量（x10）	0～5 辆，x10 取值 0～5

续表

变量属性	特性变量	分组说明
学校属性	家与学校的距离（x11）	0～0.5km、0.5～1.0km、1.0～2.0km、5.0～10.0km、10.0km 以上依次取值 0～4
	是否满意校区车辆停放秩序（x12）	不满意取值为 0，满意取值为 1
出行属性	出行时耗（x13）	0～20min、21～40min、41～60min、61～90min、91～120min 以及 120min 以上依次取值 0～5

交通方式选择肢的集合 K_n = {步行、自行车、公共交通、小汽车}，将性别、年龄、是否持有驾照、儿童所处年级、小汽车拥有量、自行车拥有量以及家与学校的距离等影响因素作为影响交通方式选择约束模型的变量。以步行作为参照组，其他方式与其进行参照对比，应用 MNL 模型，建立家庭成员的方式选择约束模型，获得优质小学、次优质小学以及一般小学受儿童出行约束的家庭成员早高峰上班出行的交通方式选择约束模型中各个影响因素的回归系数及模型主要统计量，以优质小学为例，模型结果见表 3-3。

优质小学的方式选择约束模型参数回归结果　　表 3-3

交通方式	自行车（M_2）			公共交通（M_3）			小汽车（M_4）		
特征变量	回归系数	S.E.	显著水平	回归系数	S.E.	显著水平	回归系数	S.E.	显著水平
常数	−0.68	0.58	0.23	−4.41	0.62	0.00*	−5.97	0.60	0.00*
性别	−0.02	0.13	0.88	−0.48	0.13	0.00*	0.64	0.12	0.00*
是否持有驾照	−0.01	0.14	0.98	0.32	0.15	0.03*	0.74	0.15	0.00*
接送是否顺路	0.12	0.13	0.35	−0.41	0.15	0.01*	0.16	0.13	0.22
儿童的年级	−0.05	0.04	0.17	0.01	0.04	0.92	0.10	0.04	0.02*
儿童是否能够独立上学	0.31	0.14	0.02*	−1.98	0.15	0.01*	−0.43	0.13	0.00*

续表

交通方式	自行车（M₂）			公共交通（M₃）			小汽车（M₄）		
特征变量	回归系数	S.E.	显著水平	回归系数	S.E.	显著水平	回归系数	S.E.	显著水平
儿童对交通法规的认识	0.28	0.17	0.10	0.25	0.18	0.17	-0.11	0.17	0.52
家庭月总收入	-0.14	0.05	0.01*	0.09	0.05	0.08	0.15	0.05	0.00*
家庭总人口数	-0.27	0.09	0.00*	0.06	0.09	0.46	0.11	0.08	0.17
小汽车拥有量	-0.21	0.12	0.07	-0.54	0.12	0.00*	1.30	0.12	0.00*
自行车拥有量	0.59	0.06	0.00*	-0.05	0.06	0.41	-0.10	0.06	0.10
家与学校的距离	0.39	0.05	0.00*	0.43	0.05	0.00*	0.75	0.05	0.00*
是否满意车辆停放秩序	-0.10	0.16	0.53	-0.25	0.16	0.13	0.33	0.15	0.02*
出行时耗	-0.02	0.04	0.59	0.74	0.05	0.00*	0.39	0.04	0.00*

$N=3125 \quad L(\beta)=5743$
$L(0)=7921 \quad \rho^2=0.26 \quad \text{Hit Ratio（命中率）}=82.3\%$

注：1. 带 * 号表示该解释变量对选择行为在95%的置信区间上显著；
2. S.E.（Standard Error of Mean）：样本平均值的标准误差。

3.2.3 方式选择的影响因素量化分析

依据调查数据以及模型参数的标定结果，分析各类影响因素对家庭成员早高峰上班出行的交通方式选择行为的影响。

1. 接送是否顺路对交通方式选择行为的约束影响

各类小学的方式选择约束模型中，接送是否顺路对优质小学的家庭成员早高峰上班出行的约束影响显著。接送顺路的家庭成员上班出行选择自行车与小汽车的概率较大。在自行车选择约束模型中，接送是否顺路的回归系数是0.12，可计算出接送顺路与接送不顺路的家庭成员早高峰上班出行采用自行车的事件发生比率为1.12，表示接送顺路的家庭成员早高峰上班出行采用自行车的概率是不顺路通勤者的1.12倍。在小汽车选择约束模型中，接送是否顺路的回归系数是0.16，可计算接送顺路与接送不顺路的家庭成员早高峰上班出行采用小汽车的事件发生比率

1.17，表示接送顺路的家庭成员早高峰上班出行采用小汽车的概率是不顺路通勤者的 1.17 倍。此外，由自行车选择约束模型与小汽车选择约束模型的事件发生比率值可知，接送顺路对自行车与小汽车选择的影响程度基本一致。

2. 儿童是否能够独立上学对交通方式选择行为的约束影响

各类小学的方式选择约束模型中，儿童是否能够独立上学对优质小学、次优质小学和一般小学的家庭成员早高峰上班出行的约束影响均非常显著。

以优质小学为例，在优质小学的方式选择约束模型中，公共交通选择约束模型中儿童是否能够独立上学的回归系数是 -1.98，则儿童接送上学组与独立上学组的家庭成员采用公共交通上班出行的事件发生比率为 7.24，说明接送上学组的家庭成员选择公共交通上班出行的概率是独立上学组的 7.24 倍；小汽车选择约束模型中儿童是否能够独立上学的回归系数是 -0.43，则儿童接送上学组与独立上学组的家庭成员采用小汽车上班出行的事件发生比率为 1.54，说明接送上学组的上班出行家庭成员选择小汽车的概率是独立上学组的 1.54 倍。

3. 家与学校的距离对交通方式选择行为的约束影响

各类小学的方式选择约束模型中，家与学校的距离对优质小学、次优质小学和一般小学的家庭成员早高峰上班出行的约束影响均非常显著。随着家与学校的距离不断增大，选择自行车、公共交通以及小汽车出行的概率逐渐增加，选择步行出行的概率逐渐减少。

以优质小学为例，在优质小学的方式选择约束模型中，自行车选择约束模型（M_2）中家与学校的距离的回归系数是 0.39，即当家与学校的距离增加一倍时，家庭成员采用自行车和步行上班出行的事件发生比率为 1.48，说明家与学校的距离增加了一倍，家庭成员选择自行车上班出行的概率增加了 1.48 倍。小汽车选择约束模型（M_4）中家与学校的距离的回归系数是 0.75，则当家与学校的距离增加一倍时，家庭成员采用小汽车和步行上班出行的事件发生比率为 2.12，说明家与学校的距离增加了一倍，家庭成员选择小汽车上班出行的概率增加了 2.12 倍。

4. 是否满意校区车辆行驶秩序

各类小学的方式选择约束模型中，是否满意校区车辆行驶秩序对次优质小学和一般小学的家庭成员早高峰上班出行的约束影响显著。

以次优质小学的方式选择约束模型结果为例，自行车选择约束模型（M_2）中是否满意校区车辆行驶秩序的回归系数是 0.33，则满意组与不满意组的家庭成员采用自行车上班出行的事件发生比率 1.39，说明满意组的家庭成员选择自行车上班出行的概率是不满意组的 1.39 倍。

3.3　出发时刻选择约束模型

出发时刻决策，是出行者选择最终出行模式的重要组成部分。它将影响交通方式选择、出行活动链、出行率等一系列的出行选择。从交通管理政策制定者的角度出发，高峰时段的交通拥挤收费、弹性时间上下班等管理政策均会对出行者的出发时刻决策产生影响。通过构建出发时刻选择预测模型，对影响出发时刻决策的因素进行量化分析，对交通需求管理政策的有效性和适用性进行评估具有重要意义。

本节主要考虑在儿童出行对家庭成员约束影响的基础上，利用生存分析理论，定量地对受儿童出行约束的家庭成员出发时刻的影响因素进行分析，进而量化分析研究儿童出行需求约束对家庭成员上班出行出发时刻选择的约束影响。

3.3.1　模型概述

Cox 比例风险模型 CPHF（Cox Proportional Hazard Function）是生存分析模型中最核心的模型之一。

生存分析是指对一个或者多个非负变量进行数理统计分析，

并依据观测或调查数据对这个或这些非负变量进行数理推理。目前,生存分析已广泛应用于评定产品的可靠度、寿命以及人与生物寿命、手术后人的寿命预测等方面,本文将生存分析理论应用到受儿童出行约束的家庭成员出行过程中出发时刻选择问题的研究之中。

生存分析方法可以分为三类:(1)参数法,一般采用诸如指数模型、韦布尔模型等;(2)非参数法,指通过采用生命表法与乘积极限法,对研究对象的生存率进行统计估计与分析;(3)半参数法,指采用Cox比例风险模型,对多个协变量进行数理统计分析。

生存时间函数通常采用以下三个函数进行描述:(1)生存函数;(2)累积分布函数;(3)风险率函数。这三个函数在数学上是等价的,因此求出其中一个函数,则另外两个函数可相应推导得出。

(1) 生存函数SDF(Survival Distribution Function),又可称为累积生存率,记为$S(t)$。设非负随机变量T表示生存时间,定义生存函数$S(t)$,表示事件持续时间大于t的概率,则有:

$$S(t) = P(T > t) = 1 - F(t) \tag{3-4}$$

式中 $F(t)$是累积分布函数,表示随机变量T小于等于时间t的概率。若生存时间服从指数分布,则生存函数的形式可改写为:$S(t) = \exp(-\lambda t)$。

由以上定义可知,生存函数表现出两端极值的特性:

当t趋向于0时,生存函数$\lim\limits_{t \to 0} S(t) = 1$,表示在初始时刻,生存函数的值为1;

当t趋向于$+\infty$时,生存函数$\lim\limits_{t \to +\infty} S(t) = 0$,表示随着时间推移,生存函数的值逐渐减小,并存在极值。

(2) 累积分布函数CDF(Cumulative Distribution Function),累积分布函数设为$F(t)$,表示随机变量T小于等于时间t的概率,即:

$$F(t) = 1 - S(t) \tag{3-5}$$

（3）风险率函数 HF（Hazard Function），为生存分析的最基本函数，记为 $h(t)$，定义 $h(t) = f(t)/S(t)$，表示当随机变量 T 持续至时间 t 时，在未来 Δt 的时间内，事件发生的概率，即：

$$\begin{aligned} h(t) &= \lim_{\Delta t \to 0} \frac{P(t < T < t + \Delta t \mid T \geq t)}{\Delta t} \\ &= \lim_{\Delta t \to 0} \frac{S(t) - S(t + \Delta t)}{\Delta t * S(t)} \\ &= -\frac{d(\log S(t))}{dt} \end{aligned} \tag{3-6}$$

同样假设生存函数服从指数分布，则三个生存函数之间的关系满足式（3-7）至（3-9）：

$$H(t) = \int_0^{+\infty} h(x) dx = -\log S(t) \tag{3-7}$$

$$S(t) = P(T > t \mid Z) = \exp(-\int_0^{+\infty} h_0(x, Z) dx) \tag{3-8}$$

$$S_0(t) = \exp(-\int_0^{+\infty} h_0(T) dT) \tag{3-9}$$

因此，

$$S(t) = \exp(-H(t)) \tag{3-10}$$

由式（3-10）可知，个体的生存时间长度是由 $H(t)$ 决定的。$H(t)$ 越小，相应的 $S(t)$ 随时间下降得越快，生存时间越短；反之亦然。

假定生存时间服从连续性分布，并且各个风险因素之间的相互作用可忽略不计，则风险函数 $h(t)$ 可表示为：

$$h(t) = h_0(t) e^{PI} \tag{3-11}$$

$$PI = \beta_1 x_{i1} + \beta_2 x_{i2} + \cdots + \beta_n x_{in} \tag{3-12}$$

式中 $X = (x_{i1}, x_{i2}, \cdots, x_{in})$——由对事件的生存时间产生影响

的 n 个风险因素，所构成的向量；

$h(t)$ ——在影响因素 X 的作用下，事件发生持续至时间 t 的风险函数；

$h_0(t)$ ——基准生存风险函数，表示剔除所有风险因素（$x_{ij}=0$）后，构建的风险函数；

PI ——预后系数，表示在所有风险因素作用下，表征事件未来发展情况的预测系数；

β_k ——回归参数，$k=1,2,\cdots,n$。

3.3.2 模型构架及标定结果

依据生存分析相关理论，以 0：00 时刻作为基准时间，至家庭成员从家出发开始第一次上班出行的这段时间作为事件的持续时间。其从家出发的时刻也就是事件结束的时刻，即家庭上班出行者在家的事件概率等同于其从家出发开始第一次出行的概率。

本小节利用 Cox 比例风险模型对受儿童出行约束影响的家庭成员上班出行的出发时刻的相关因素进行研究，筛选出对其出发时刻选择行为影响显著的变量，并对这些社会经济属性变量进行量化分析，对其出发时刻分布进行诠释，为制定合理有效的儿童出行需求管理政策提供理论依据。

在建立受儿童出行约束的家庭成员上班出行的出发时刻选择约束模型时，选取了包括个人属性、儿童属性、家庭属性、学校属性、方式属性、出行属性等一系列与社会经济属性相关的变量，分别对优质小学、次优质小学以及一般小学受儿童出行约束的家庭成员上班出行行为进行建模分析。以优质小学为例，表 3-4 所示为优质小学的出发时刻选择约束模型的特性变量。

优质小学的出发时刻选择约束模型特性变量　　　　表 3-4

变量属性	特性变量	分组说明
个人属性	上班时间（x1）	7：40 以前某时刻、8：00、8：30、9：00、9：00 以后某时刻依次取值为 0～4
	接送是否顺路（x2）	不顺路取值为 0，顺路取值为 1
儿童属性	是否能够独立上学（x3）	不能够独立上学取值为 0，能够取值为 1
家庭属性	家庭月总收入（x4）	0～3000 元、3000～8000 元、8000～20000 元以及 20000 元以上依次取值为 0～3
	小汽车拥有量（x5）	0～3 辆，x5 取值 0～3
	自行车拥有量（x6）	0～5 辆，x6 取值 0～5
学校属性	家与学校的距离（x7）	0～0.5km、0.5～1.0km、1.0～2.0km、5.0～10.0km、10.0km 以上依次取值 0～4
方式属性	出行是否使用自行车（x8）	出行使用自行车取值为 1，否则为 0
	出行是否使用公共交通（x9）	出行使用公共交通取值为 1，否则为 0
	出行是否使用小汽车（x10）	出行使用小汽车取值为 1，否则为 0
出行属性	出行时耗（x11）	0～20min、21～40min、41～60min、61～90min、91～120min 以及 120min 以上依次取值 0～5

将各类学校的社会经济属性变量作为受儿童出行约束的家庭成员上班出行出发时刻选择约束模型的影响因素，利用 3.3.1 节介绍的比例风险模型算法，建立优质小学、次优质小学和一般小学的出发时刻选择约束模型。以优质小学为例，求解的回归系数与相关统计量如表 3-5 所示。

优质小学的出发时刻选择约束模型参数回归结果　　表 3-5

特征变量	回归系数	S.E.	显著水平
家庭月总收入	−0.05	0.02	0.01*
家庭小汽车拥有量	−0.11	0.04	0.01*
家庭自行车拥有量	−0.04	0.02	0.03*
上班时间	−0.63	0.03	0.00*
接送儿童是否顺路	0.17	0.05	0.00*
家与学校的距离	0.12	0.02	0.00*
出行时耗	0.21	0.02	0.00*
儿童是否能够独立上学	−0.68	0.06	0.00*
出行是否使用自行车	0.38	0.08	0.00*
出行是否使用公共交通	0.41	0.07	0.00*
出行是否使用小汽车	0.11	0.07	0.01*
$N=2134$		$L(\beta)=27938$	
$L(0)=28883$		$\rho^2=3.27\%$	

注：1. 带 * 号表示该解释变量对选择行为在 95% 的置信区间上显著；
　　2. S.E. (Standard Error of Mean)：样本平均值的标准误差。

3.3.3　出发时刻决策的影响因素量化分析

利用 3.3.2 节建立的出发时刻选择约束模型，可得各类小学的受儿童出行约束的家庭成员上班出行在各个时刻出发的连续累积分布图，各个时刻的累积生存率表示尚未从家出发的概率。从图 3-6 可以看出：(1) 对比各类学校的出发时刻累积生存概率图可知，优质小学与次优质小学的家庭成员上班出行的出发时刻分布类似，而一般小学表现出与二者相差较大的分布特性；(2) 与一般小学相比较，优质小学与次优质小学的家庭成员上班出行的成员出发时刻分布相对集中，主要集中在 7:00~7:30 的时段内，而一般小学的家庭成员上班出行的出发时刻分布相对均匀，主要集中在 7:00~8:00 的时段内。

此外，上述模型的参数标定结果可用于分析社会经济属性，

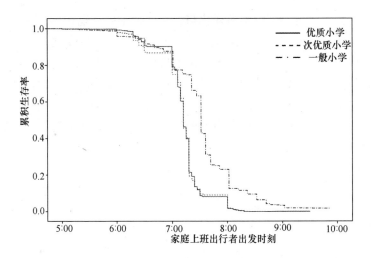

图 3-6 各类小学的家庭上班出行约束组的累积生存率趋势图

定量阐述单因素变化对受儿童出行约束的家庭成员上班出行的出发时刻选择的影响。

首先,从回归参数的符号判断,对于回归系数大于 0 的变量,将使家庭成员在上午某时刻上班出行的出发概率从基准风险率 $h_0(t)$ 增大到 $\exp(\beta_k x_k)$ 倍,表示该因素对家庭成员上班出行的生存时间表现为负效应,即该变量取值增加将缩短其在家中的持续时间,提前了出发时刻;对于回归系数小于 0 的变量,则与之相反。

然后,从回归参数的数值大小判断,以优质小学的变量"儿童是否能够独立上学"为例,其回归系数为 -0.68,则该变量的相对风险度为 0.51,表示在其他变量固定不变的条件下,在某时刻,儿童独立上学组的家庭成员上班出行的出发概率是儿童接送上学组的 0.51 倍。

3.4 出行链选择约束模型

随着社会经济的发展,居民出行对活动空间与范围的需求不断增大，出行内容逐渐多样化与复杂化，主要体现在早、晚高峰非工作出行量的增加，激化了城市上班出行高峰的交通拥堵。非工作出行活动的增加，导致居民上班出行前后常伴有链接非工作活动的出行行为。然而，以单次出行为分析单元的传统出行分析方法难以对上班出行者的出行链接行为进行分析。

因此，本节以出行链为单位，对受儿童出行约束的家庭成员上班出行决策过程中的链式关系进行深入分析，以便于更全面地了解其高峰时段的上班出行行为。

3.4.1 基本概念

出行链（Trip Chaining）可以描述一个人在一天内不同出行的顺序，同时也可以反映一个人在空间上的出行活动规律。出行链常见的定义包括：

（1）新泽西 1995 年出行调查报告：出行链由一个或多个出行构成，其起点和终点主要是家、单位等地点；

（2）Kitamura R：出行链为由若干个出行形成的链；

（3）Liao Y C：一系列在空间和时间相互链接的出行构成了出行链；

（4）褚浩然：出行链是指个人为完成一项或多项活动（多目的出行），在一定时间顺序上不同出行目的的连接形式；

（5）参照美国新泽西州 1995 年出行调查报告，对家庭成员早高峰上班出行的出行链开始与结束的临界标准定义为：

1）出行链的起点：出行者的出发地是家，则定义为出行链的起点；

2）出行链的终点：到达了工作单位，则定义为出行链的终点。

依据出行链的起终点标准，为了便于模型分析，定义早高峰上班出行者的三类出行链：

（1）简单链（H-W）：表示家庭成员从家出发，直接到达工作单位；

(2) 连续复杂链（H-S-W）：表示家庭成员从家出发，先去学校送孩子上学，然后直接到达工作单位；

(3) 折返复杂链（H-S-H-W）：表示家庭成员从家出发，先去学校送孩子上学，然后回家，再从家出发到达工作单位。

3.4.2 模型拟合结果及参数标定

由 3.1.3 节的差异性分析可知，对优质小学、次优质小学和一般小学的样本数据应当分别进行模型构建与参数系数标定。

本小节同样应用 MNL 模型对受儿童出行约束影响的早高峰家庭成员上班出行链选择的相关因素进行研究，筛选出对其出行链选择行为影响显著的变量，并对这些社会经济属性变量进行量化分析。

在建立受儿童出行约束的家庭成员上班出行的出发时刻选择约束模型时，选取了包括个人属性、儿童属性、家庭属性、学校属性、出行属性等一系列与社会经济属性相关的变量，分别对优质小学、次优质小学以及一般小学受儿童出行约束的家庭成员上班出行行为进行建模分析。以优质小学为例，相关变量如表 3-6 所示。

优质小学的出行链选择约束模型特性变量　　　表 3-6

变量属性	特性变量	分组说明
个人属性	上班时间（x1）	7：40 以前某时刻、8：00、8：30、9：00、9：00 以后某时刻依次取值为 0～4
	接送是否顺路（x2）	不顺路取值为 0，顺路取值为 1
儿童属性	儿童的年级（x3）	1～6 年级依次取值为 0～5
	是否能够独立上学（x4）	不能够独立上学取值为 0，能够取值为 1
学校属性	家与学校的距离（x5）	0～0.5km、0.5～1.0km、1.0～2.0km、5.0～10.0km、10.0km 以上依次取值 0～4

续表

变量属性	特性变量	分组说明
出行属性	出行时耗（x6）	0～20min、21～40min、41～60min、61～90min、91～120min 以及 120min 以上依次取值 0～5

令出行链选择肢的集合 K_n = {简单链、连续复杂链、折返复杂链}，将性别、年龄、是否持有驾照、儿童的年级、家庭车辆拥有量、自行车拥有量以及家与学校的距离等影响因素作为影响出行链选择约束模型的变量。以连续复杂链（H-S-W）作为参照组，其他出行链与其进行参照对比，应用 MNL 模型，建立家庭成员的出行链选择约束模型。同样应用 3.2.1 节的算法进行求解，可得优质小学、次优质小学以及一般小学受儿童出行约束的早高峰家庭成员上班出行的出行链选择约束模型中各个影响因素的回归系数及模型主要统计量，以优质小学为例，具体如表 3-7 所示。

优质小学的出行链选择约束模型参数回归结果 表 3-7

出行链 特征变量	H-W(C_2)			H-S-H-W(C_3)		
	回归系数	S.E.	显著水平	回归系数	S.E.	显著水平
常数	5.50	0.71	0.00*	−4.74	0.83	0.00*
儿童的年级	0.22	0.08	0.01*	0.01	0.07	0.92
上班时间	−0.20	0.16	0.20	1.03	0.17	0.00*
接送孩子是否顺路	−1.44	0.27	0.00*	−0.84	0.25	0.00*
家与学校的距离	−0.22	0.09	0.01*	−0.15	0.08	0.07
儿童是否能够独立上学	2.82	0.41	0.00*	−0.18	0.44	0.68
出行时耗	−0.25	0.10	0.01*	0.04	0.09	0.67

$N=2205$　　　　　　　　　　　$L(\beta)=1726$
$L(0)=3312$　　$\rho^2=0.48$　　Hit Ratio（命中率）=86.4%

注：1. 带 * 号表示该解释变量对选择行为在 95% 的置信区间上显著；
　　2. S.E.（Standard Error of Mean）：样本平均值的标准误差。

在出行链选择约束模型中，其统计显著性（sig.值）表明：接送孩子是否顺路、家与学校的距离、儿童是否能够独立上学、出行时耗对家庭成员早高峰上班出行的简单出行链选择行为影响显著；上班时间、接送孩子是否顺路对家庭成员早高峰上班出行的折返复杂出行链选择行为影响显著。

3.4.3 出行链选择的影响因素量化分析

依据调查数据以及模型参数标定结果，各类学校模型的显著变量对家庭成员早高峰上班出行的出行链选择行为影响进行量化分析。根据模型标定结果，对于重点小学组，儿童的年级、上班时间、接送孩子是否顺路、家与学校的距离、儿童是否能够独立上学、出行时耗等变量对其出行链选择影响显著；对于次重点小学组，家庭月总收入、上班时间、接送孩子是否顺路、儿童是否能够独立上学、家与学校的距离、出行时耗等变量对其出行链选择影响显著；对于一般小学组，居住类型、出行时耗、上班时间、接送孩子是否顺路、是否满意车辆行驶秩序、家与学校的距离等变量对其出行链选择影响显著。

以下仅对部分变量（考虑儿童及所在学校的影响因素）的影响情况进行分析。此部分的量化分析同样采用单因素分析方法，在假定其他影响变量固定不变的前提下探讨某变量对家庭成员早高峰上班出行的出行链选择行为的约束影响。

1. 接送是否顺路对出行链选择行为的约束影响

各类小学的出行链选择约束模型中，接送是否顺路对优质小学、次优质小学和一般小学的家庭成员早高峰上班出行的约束影响均非常显著。

在优质小学的出行链选择约束模型中，简单链选择约束模型中接送是否顺路的回归系数是 -1.44，儿童接送顺路组与不顺路组的家庭成员上班出行选择简单链出行的事件发生比率为 0.24，说明接送顺路组的家庭成员上班出行选择简单链出行的概率是不顺路组的 0.24 倍；折返复杂链选择约束模型中接送是否顺路的回归系数是-0.84，则儿童接送顺路组与不顺路组的家庭成员上班出行选择折返复杂链出行的事件发生比率为 0.43，说明接送顺路组的家庭成员上班出行选择折返复杂链出行的概率是不顺路组的 0.43 倍。次优质与一般小学的结果基本与优质小学一致。

因此，如果家长工作单位与儿童就学地点在同一方向，即能够顺路接送儿童上下学，那么家长的出行更倾向于选择复杂链，提高出行效率。

2. 儿童是否能够独立上学对出行链选择行为的约束影响

各类小学的出行链选择约束模型中，儿童是否能够独立上学对优质小学和次优质小学的家庭成员早高峰上班出行的约束影响较为显著。

在优质小学的出行链选择约束模型中，简单链选择约束模型中儿童是否能够独立上学的回归系数是 2.82，则儿童独立上学组与接送上学组的家庭成员上班出行选择简单链出行的事件发生比率为 16.78，说明儿童独立上学组的家庭成员上班出行选择简单链出行的概率是接送上学组的 16.78 倍。次优质与一般小学的结果基本与优质小学一致。

因此，如果儿童具有独立的出行能力（例如年级较高或有校车接送），家长的出行更倾向于选择简单链，即不受儿童出行的影响。

3. 家与学校的距离对出行链选择行为的约束影响

各类小学的方式选择约束模型中，家与学校的距离对各类学校的家庭成员早高峰上班出行的约束影响均非常显著，随着家与学校的距离不断增大，选择连续复杂链的概率逐渐增加，选择简单链和折返复杂链的概率逐渐减少。

在优质小学的出行链选择约束模型中，简单链选择约束模型中家与学校的距离的回归系数是-0.22，则当家与学校的距离增加一倍时，家庭成员上班出行选择简单链和连续复杂链出行的事件发生比率为 0.80，说明家与学校的距离增加了一倍，家庭成员上班出行选择简单链出行的概率增加了 0.80 倍；折返复杂链选择约束模型中家与学校的距离的回归系数是-0.15，则当家与学校的距离增加一倍时，家庭成员上班出行选择简单链和连续复杂链出行的事件发生比率为0.86，说明家与学校的距离增加了一倍，家庭成员上班出行选择折返复杂链出行的概率增加了0.86倍。次优质与一般小学的结果基本与优质小学一致。

因此，学校距离儿童的家庭住址越近，家长选择简单链的概率越高，即专门接送儿童上下学；学校距离越远，家长选择复杂链的概率越高，即倾向于顺路接送儿童上下学。

3.5 小结

本章利用MNL模型、Cox比例风险模型对受儿童出行影响的家庭成员上班出行交通方式、出发时刻以及出行链的选择行为分别进行建模分析研究，将家庭成员分为优质小学组、次优质小学组和一般小学组，对各类群体分别进行建模研究。研究的结论主要包括：

（1）由于交通方式选择的差异性，对于重点类小学，校区的交通管理应当更多倾向于小汽车出行的管理，比如停车需求、行驶秩序等；对于一般类小学，校区的交通管理则应较多倾向于步行、自行车等以非机动化方式为主的管理，比如人行横道、自行车专用道的划设等等；

（2）各类小学的家庭上班出行者的出行高峰时段均集中在7：20~7：40之间，具有儿童约束的家庭成员其出发时刻选择晚于无儿童约束的家庭成员；

（3）随着小学层次的不断提高，选择简单链出行的比例逐渐下降，复杂链出行逐渐增多；在出行链构成上，重点小学与次重点小学相似，一般小学表现出与其二者明显不同的出行链构成模式。

第 4 章 儿童出行的交通政策分析

交通需求管理是指通过交通政策的导向作用,促进交通参与者交通选择行为的变更,以减少机动车出行量,引导和调节交通需求的时空分布,使交通系统供需平衡,减轻或消除交通拥挤,同时改善城市生态环境和居民生活环境质量。本文借鉴 TDM (Travel Demand Management,交通需求管理)的定义,对儿童出行需求管理进行定义:通过交通政策等策略的导向作用,对儿童的出行需求(上、下学)进行管理,一方面促使受儿童出行约束的家庭通勤出行者的交通方式选择、出发时刻选择、出行链选择等一系列出行决策行为的变更,另一方面促使儿童出行减少对成年人的约束,出行更加安全合理,从而达到改善校园周边交通环境,间接引导与调节交通供求之间的时空分布,以致达到交通系统平衡的目的,缓解或消除交通拥堵,改善城市生态环境质量,提升居民生活水平。

由于儿童出行具有其特殊性,通过网络对接送孩子上下学对家长的影响进行调查,结果显示,在参与调查的 3516 人中,有 52% 的家长认为接送孩子对其工作有些影响,有 31% 的家长认为接送孩子对其工作影响很大。在另一项调查中可以看出,有 42% 的家长为了接送孩子方便会辞去工作全职照顾,有 42% 的家长会为了接送孩子方便而换工作。如图 4-1 所示,从这些数据可知,儿童的上下学出行对于家庭成员的出行约束作用不容忽视。

本章通过对北京市 5 所小学的问卷回收数据,根据前面章节量化分析,考虑儿童出行对家长约束影响,从不同方面对儿童出行的交通政策以及出行策略进行了分析。

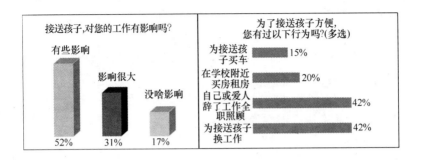

图 4-1 网络调查：接送孩子上下学对家长的影响

资料来源：网络调查：接送孩子上下学对家长的影响；http://news.survey.sina.com.cn/voteresult.php?pid=11087，引自新浪网。

4.1 不同交通方式儿童出行策略分析

根据前述分析可知，儿童上、下学对家庭成员在选择交通方式、出发时刻以及出行链安排等方面具有较大的影响，同时儿童上学出行时间与交通早高峰重叠，造成交通拥堵以及校园周边交通秩序混乱。究其原因，是使用机动化交通方式增加的结果，本节主要介绍儿童不同类型交通出行方式的安全策略要点，同时对引导儿童非机动化出行提出措施建议。

4.1.1 步行的出行策略

步行属于非机动出行方式，一般适用于短距离出行，是一种绿色、环保的出行方式。步行是儿童上、下学出行的主要方式之一，本次调查数据显示，一般小学组选择该出行方式的比例高达69.2%，其他类型学校其学生选择步行出行的比例与其他交通方式比较也占主导地位。儿童在步行时主要问题是安全，其面临的危险主要来自以下两方面：内部危险和外部危险。

（1）内部危险主要体现在由于自我控制意识薄弱，儿童在步行的过程中注意力不集中，容易被路边事物所吸引，这些事物可能对儿童造成伤害。儿童对危险的感知、判断能力较差，在危险来临时儿童往往是出于本能地去躲避和保护自己，缺乏足够的危机应变能力。

（2）外部危险主要是路上的机动车、非机动车以及其他行人也会对儿童构成潜在的危险。机动车的危险主要体现在儿童在过马路时，由于其没有完善的交通法规意识，不一定会按照信号灯指示行走，因此被机动车撞到引发交通事故，严重危及生命安全。非机动车道一般与人行道相邻，儿童在步行过程中会走下人行道，容易被往来的非机动车撞到。而其他行人的危险主要是在人多拥挤的时候，儿童目标小，容易被忽视而引发踩踏事故。

根据调查，儿童独立上学（见图4-2）的比例从一年级的28.8%上升至六年级的57.4%，说明随着年龄的增长，儿童独立上学的能力逐步提高。由于小学生年龄一般不足13岁，因此独立上学选择的交通方式只能是步行。出于安全考虑，儿童步行需要有成年人陪伴时，成年人必须保证儿童在自己的视线内，成年人带头遵守交通规则，起到榜样模范作用，如图4-3所示。小学生上下学时，不可多人横排行走，在路上不能互相推搡打闹嬉戏，在城市交叉口过马路时要看清指示灯信号，听从交通协管员的指挥，并且走人行横道。有些城市采用了自助过街信号灯，儿童过街时应该按照正确的步骤来操作。在城郊或农村等没有人行道的地方，儿童要确认两个方向都没来车才能通过。家长和学校平时要加强对儿童步行的安全教育，普及基本的交通安全常识，把步行安全的注意点编入儿歌或者顺口溜中，方便儿童记忆。年龄稍微大的、能独立出行的儿童步行外出时，应当在出发前明确路线，建议佩戴安全帽，晚上外出则应穿有警示作用的反光服或反光帽。

图 4-2 独立出行　　　　　图 4-3 家长陪伴上学

4.1.2　自行车的出行策略

自行车具有方便灵活的特点，适合中短距离的出行。但与步行出行一样，会受天气影响。根据本次调查，自行车和电动自行车方式的出行比例在一般小学仅次于步行，在次优质小学组高达53.2%，在优质小学组占27.7%。自行车出行与步行方式一样，是小学生上、下学最主要的出行方式，如图4-4所示。

《中华人民共和国道路交通安全法实施条例》规定驾驶自行车、三轮车必须年满12周岁。按国家标准规定，小于12周岁的儿童只能使用装有辅助轮的儿童自行车。因此儿童自行车出行方式均指的是搭乘成年人自行车，所面临的危险与骑车人关系密切，主要是来自于道路上行驶的机动车以及通行的其他自行车，如图4-5所示。

图 4-4 搭乘自行车上学很普遍　　图 4-5 自行车路权受机动车影响

我国素有"自行车王国"的称号，虽然一般道路上设有专用非机动车道，但随着机动化出行方式需求的增加，很多机、非分离的非机动车道上均在原来的宽度基础上划分出机动车道或停车位，非机动车有效行驶宽度减小，交通潜在危险增加。在一些没有设置机非分隔带的道路上，会出现机动车与非机动车相互借用对方车道的现象，自行车相比汽车安全性较低，若发生碰撞，自行车行驶者受伤的概率更大。另外，同一非机动车道内行驶的其他自行车也会对其造成危险。

儿童在乘坐自行车出行时，要佩戴安全头盔，骑车人要保证自行车车况良好，并且安装符合标准的安全座椅。新加坡规定，自行车可搭载12岁以下儿童，但必须加装防护装置。这与我国《中华人民共和国道路交通安全法》规定的成年人驾驶自行车可以在固定座椅内载一名12岁以下年龄儿童一致，但新加坡对于儿童安全考虑得更周到。自行车骑车人与机动车乘客相比较，仍处于弱势地位，各国均采取措施保护骑车人的权益。荷兰在1998年修订了交通法，不管行人和骑车人有无过错，如果在与机动车有关的事故中受伤，机动车所属的保险公司必须赔偿损失。因此我国也应立法加强儿童搭乘自行车的安全措施，如佩戴头盔、穿反光服、自行车加装防护装置等措施来保护骑自行车人的权益等，还应该鼓励自行车这种非机动化的出行方式。

4.1.3 小汽车的出行策略

小汽车出行的特点是速度快，乘坐人员舒适，适合远距离出行。随着人们生活水平的提高，小汽车出行比例由1969年的14%增加至2001年的48%。若没有其他政策，小汽车出行在儿童出行中所占的比例将会越来越大，如图4-6所示。根据调查，小汽车出行所占比例目前位列第三。除了要考虑儿童乘坐小汽车出行的安全问题外，还要考虑制定政策引导小汽车出行向公共交通方式及非机动化出行方式转移。

2011年12月30日发布《机动车儿童乘员用约束系统》国

家标准GB 27887—2011,并将于2012年7月1日起实施。这是我国第一部关于机动车儿童座椅约束装置的强制性国家标准,但目前尚没有针对儿童乘客须强制使用儿童安全座椅的法规出台。为了保护儿童安全,根据儿童年龄以及身高等不同情况,应使用标准不同的儿童安全座椅。国外的一些经验标准值得我们借鉴,如美国3～10周岁,体重15～36kg的儿童,推荐使用包覆型儿童安全座椅或坐垫。在乘车位置方面,为保证安全,12周岁以下(身高140cm以下)的儿童必须坐在固定在汽车后排的儿童座椅上,1周岁以内婴儿座椅应当反向安装。应当尽量避免让儿童坐在装有安全气囊的位置上,因为在发生碰撞时,安全气囊迅速弹出,其一瞬间强大的冲击力可能对儿童的颈椎和胸腔造成严重伤害。如果一定要将儿童连同安全座椅固定在副驾驶的位置上,必须采用儿童专用安全气囊并且避免使用普通成人安全气囊。由于上下学时间紧张、校园周边交通环境差,儿童上、下车时车辆均为临时停车,应避免其他车辆以及自行车与儿童间的碰撞,如图4-7所示。

图4-6 儿童乘坐私人小汽车上学

图4-7 小汽车占用路权影响校园周边交通环境

4.1.4 公共交通出行策略

公交及地铁出行比例占本次调查出行方式比例的第四位,较小汽车出行比例少。机动化出行需求快速增长所引起的"拥挤问题"、"环境问题"、"能源问题"、"社会公平问题"和"交通安全问题"日益突出，越来越引起国家和城市政府对交通发展战略和政策制定的重视。而乘坐公共交通出行成为解决问题的关键，应该加大力度改善公交出行环境，从儿童开始大力倡导使用公共交通出行。

对于6~12岁儿童，北京市乘坐公交的优惠政策包括1.2m以下免票、学生票单程0.2元等政策，这些对于倡导公交出行具有积极作用。

儿童选择公交出行的整个出行过程可以分为3个阶段：

（1）候车阶段，公交站台一般设置在路边，儿童由于自身控制意识不强，通常不会耐心地等候，有时会走下站台，容易被来往的车辆撞倒。当车辆进站停车后，乘客上车时会发生拥挤，儿童由于自身目标小不易被发现，在上车过程中会被挤压或踩伤；

（2）乘车阶段，上车后，如果坐在靠窗的座位，儿童喜欢把手或者头伸出窗外，这是非常危险的。由于市区拥挤，公交车速度变换快，如果没有座位，儿童由于自身力量较弱，在公交车变换速度时抓不住扶手容易摔倒；

（3）下车阶段，公交车到站后，儿童在下车时一般不会注意到车门外来往的车辆，而是直接走出公交车，容易发生危险。下车后，如需要过马路，儿童可能直接从公交车前走过，公交车车身比较高，儿童目标比较小，司机不易发现车前的儿童而直接开车撞到儿童。

为了保证儿童乘坐公交车过程中的安全，需要注意以下几点：

（1）在公交站候车时不能嬉戏打闹，公交车开来时应站在原地，不能跟着车跑也不能走下站台跑到马路上，应当耐心等待；公交车到站停车后排队有序上车，如果其他乘客发生拥挤，儿童要后退，以防止被其他人撞伤。

（2）上车后不能抢座，如果有空位置应坐好，双手抓牢前面座椅的扶手，防止急刹车时造成撞伤；尽量不要让儿童坐在靠近过道的位置，以免儿童被过往的乘客撞伤；如果坐在靠窗位置，儿童不能把手和头伸出窗外；如果没有座位，要离开车门站立，双手抓紧扶手。

（3）车辆到站，要等公交车停稳后才能松开扶手下车。走出车门时应注意左右来往车辆，在确定没有自行车和电动车穿行时再下车。下车后如果需要过马路，应该等公交车开走之后再过马路，不能从车前或车后跑过。

（4）如果几个儿童结伴同行，不可在车厢内玩耍打闹；不能在公交车上吃东西，尤其是带竹签的食品，在乘坐公交车时不得向车外乱扔杂物，以免伤及他人。

（5）公交车内人流量大且人员复杂，儿童需要有一定的自我保护意识，不要跟陌生人讲话或者接收陌生人的东西。

4.2 就近入学政策分析

我国义务教育法第九条规定："地方各级人民政府应当合理设置小学、初级中等学校，使儿童、少年就近入学"。各个城市也相继提出"就近免试入学"的类似原则。但是，随着社会发展与竞争的日益激烈，家长为了"使孩子不输在起跑线上"即接受更好的教育，即使在同一学区，家长更愿意为孩子选择教育质量更好的学校，因此造成了各种社会性问题。毋庸置疑，就近入学可以缩短儿童出行的时耗与距离，减少儿童及其陪伴人选择机动化交通方式的概率，降低家长接送孩子上下学的比例，减少儿童上下学对家长的刚性约束，减轻社会交通压力。

能够吸引儿童就近入学的政策措施有两点：一是教育资源配置均衡，儿童不需要择校；二是规划足够的学区房，并采取有效措施促进学区房的流动。

应用调查数据以及出行链选择约束模型，假设实行规划校区房策略后，每位出行者其家与学校的距离有不同程度的缩短，假定所有家庭与学校的平均距离缩短了约20%、50%以及70%，在此前提下，根据前述建模分析，探讨相应政策的实施效果。实施策略前后的出行链决策变化如表 4-1 所示。

实施规划校区房策略的政策效果分析　　　　表 4-1

		简单链	复杂连续链	复杂折返链
政策实施前		64.31%	31.07%	4.63%
政策实施后	水平一：20%	67.28%	24.87%	7.85%
	水平二：50%	70.83%	16.28%	12.89%
	水平三：70%	72.11%	14.66%	13.23%

从上述分析可以看出，实施规划校区房策略后，提高了家庭上班出行者选择简单链出行的概率，促使出行变得简单化。此外，由于家与学校的距离有一定程度上的缩短，送完儿童后回家的可能性增大了，比如步行送儿童上学，回家后再选择其他方式上班出行。因此，选择复杂折返链出行的概率提高了，即二次出行的行为更加频繁，从另一方面反而增大了校区的交通压力。规划学区房策略在已建成区域面临众多问题难以实现，但在新规划区域可以考虑实施。

4.3　弹性上下学政策分析

弹性上学是通过调整上学时间序列，错开车流和人流，进而缓解交通拥堵的交通控制和管理措施，它是道路交通管理工作中一项"削峰填谷"的有效管理措施，从而拉平高峰小时交通量。实行弹性上下学制度，目的是降低儿童上下学出行交通高峰时段的峰值，将一个较大的交通量高峰分解为几个较小的交通量高峰，在时间上均衡交通流，缓解供给和需求之间的矛盾。这个措施对儿童出行产生潜在影响，它能够使儿童上下学避开拥挤时段，除了可以缓解交通压力，还有利于儿童上下学的出行安全。

弹性放学制度目前较为普遍，但弹性上学制度则较少采用，可考虑不同年级组的儿童上下学时间实行错峰管理，低年级组晚上学早放学，高年级组早上学晚放学。通过对北京市 5 所小学的问卷调查数据统计，得到各个年级儿童出行的出发、到达时刻分布，如图 4-8、图 4-9 所示。

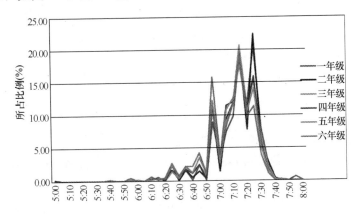

图 4-8　各年级儿童出行出发时刻分布图

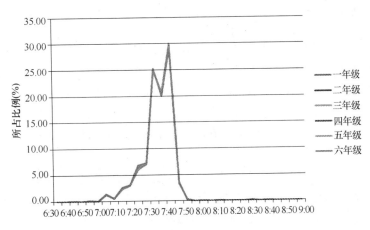

图 4-9　各年级儿童出行到达时刻分布图

4.3.1 低年级弹性上学策略分析

由儿童出行出发时刻分布图可以看出,低年级(一~三年级)的出行主要集中在 6∶55~7∶35 之间。该时段的出行占一~三年级总出行的 91.7%,出行高峰约在 7∶10~7∶30 之间。由儿童出行到达时刻分布图可以看出,儿童到达学校的时间主要集中在 7∶10~7∶45,该时段的到达比例占一~三年级总到达的 97.5%,出行高峰在 7∶30~7∶40。低年级的学生尚无独立自主的能力,多数由家长接送上下学,可以考虑相应延后上学时间 10~15min,即降低 7∶30~7∶40 交通量峰值,并将高峰时段后延至 7∶50 左右。

4.3.2 高年级弹性上学策略分析

由儿童出行出发时刻分布图可以看出,高年级(四~六年级)的出行主要集中在 6∶35~7∶30 之间。该时段的出行占四~六年级总出行的 93.9%,出行高峰约在 6∶55~7∶25 之间。由儿童出行到达时刻分布图可以看出,儿童到达学校的时间主要集中在 7∶00~7∶45,该时段的到达比例占四~六年级总到达的 99.3%,出行高峰与低年级儿童一致,主要集中在 7∶30~7∶40。高年级的学生随着年龄的成长,其自主能力逐渐加强,可以考虑相应提前上学时间 10~15min,降低高峰交通量峰值,将高峰时段提前至 7∶20 左右。

4.4 公共校车策略的政策分析

家长接送儿童上下学不仅造成交通拥堵的问题,同时由于受到儿童出行约束,对家长的工作生活也产生一定的影响。根据国外经验,采取公共校车的政策可以在一定程度上解决儿童出行所带来的上述问题。以美国为例,校车是孩子们上下学、参加课外活动的首选交通工具。无论联邦政府还是各州政府,都建议将校车作为孩子上下学、参加学校所组织课外活动的首选交通工具。

同时美国校车具有极高的安全性，在所有交通工具中的交通事故率最低。同时又可以极大缓解由于接送孩子造成的道路交通拥堵。

如何有效地借鉴国外校车运营管理模式、改善目前国内儿童出行对家长的约束与缓解由于儿童出行产生的交通拥堵已成为我们当前亟待研究及解决的问题。通过调查北京市5所小学的家长对设立接送儿童上下学提供校车服务的态度，可以看出距离是影响家长对设立校车服务态度的主要因素。如图4-10所示，随着家与学校距离的增加，家长对校车的支持比例逐渐升高，但同时可以发现，持对设立校车服务无所谓态度的家长比例约占30%，这也从侧面反映了我国家长对于校车概念的理解与校车政策方面存在一定的不足，这都是在公共校车政策分析中需要注意的地方。

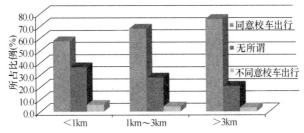

图4-10 家长对校园周边环境的满意度调查

进一步分析小学家长对设立校车服务接送儿童上下学的考虑因素，如图4-11所示，可以看出校车安全问题是影响家长对设立校车服务考虑的主要因素，随后家长关注的是校车管理问题，以上两项是家长关注设立校车的主要考虑因素。其次对于设立校车费用与国家政策，也有一些家长予以考虑。在公共校车政策制定过程中，有关部门应该对校车运营的安全与管理作为设立校车服务的主要考虑因素，从而满足家长对校车安全与管理方面的需求。

利用调查数据和构建的出行决策约束模型，以出行方式选择约束模型为例，假设实行公共校车策略后，儿童出行需求对家庭成员上班出行的约束得以转移，设定儿童能够独立上下学的家庭

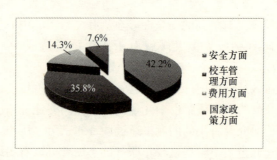

图 4-11　家长对设立校车的考虑因素

占整个家庭样本的比例依次为 20%、50% 和 70%，基于此考察该策略的实施效果。通过模型的预测结果与原始数据对比分析，实施策略前后的出行交通方式决策变化如表 4-2 所示。

实施公共校车策略的政策效果分析　　　　表 4-2

		步行	自行车	公共交通	小汽车
政策实施前		17.34%	22.14%	21.73%	38.78%
政策实施后	水平一：20%	18.92%	20.31%	24.83%	35.94%
	水平二：50%	20.93%	20.12%	27.48%	31.47%
	水平三：70%	21.48%	18.86%	30.54%	29.12%

　　从上表可以看出，实施公共校车策略后，即转移儿童出行需求对家庭成员上班出行的约束后，将有效抑制家庭成员上班选择小汽车出行的比例，并促使其出行方式向其他方式转移，尤其是非机动化和公共交通方式。

　　此外，对比政策实施后三组不同水平的小汽车出行比例可知，实行公共校车政策能够有效减少家庭成员的小汽车出行，然而当儿童独立上下学的比例增加到一定程度后（对比 50% 组与 70% 组），小汽车出行比例的下降幅度相对减小，说明儿童出行在一定程度上影响了家庭成员对小汽车出行的决策，但并不是最主要的因素。

4.5 校园宁静化策略的政策分析

宁静的校园不仅能提供给学生良好的学习环境，还能为学生上下学提供安全的交通环境。本文提出校园宁静化的概念是以校园周边的交通环境为出发点，考虑到家长上下学接送学生而引发的路段拥挤、学生不安全的交通行为、复杂交通环境等交通问题，已严重威胁到学生的生命安全。通过对北京市5所小学校园周边环境满意度调查，可以看出家长对校园周边环境最关心的是车辆的行驶秩序以及停放秩序等问题，如图4-12所示。

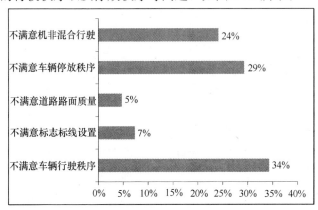

图4-12 家长对校园周边环境的满意度调查

学生上下学时段正值道路交通高峰时段，校园周边车辆较多，机非混合行驶等状况时有发生。由于学生上下学常常追逐打闹，缺乏交通安全常识，在复杂的交通环境下容易发生交通事故，所以低年级的学生常由家长接送至学校，而由此又带来了一系列的问题。近几年，以电动自行车和私家车为主的上下学交通方式逐渐增多，这使得上下学的短时间内校园周边形成了高强度的交通流，给学校周边的交通带来巨大压力，加之学校门口停车设施的不完善，交通组织的不到位，严重影响学校周边的交通运行，导致学校周边交通秩序混乱不堪，极易引发交通安全事故的发生。

由调查数据可以看出，家长最关心的是最容易造成交通事故的问题，同样也是需要我们应该着重解决的问题。为了给学生们提供安全的上下学环境，还给学生一个宁静的校园，本文提出以下建议以供参考。

4.5.1 立法规范校园周边交通

国外有很多城市如美国亚利桑那州、德克萨斯州等，制定了关于学校周边的交通安全法规或者指南，以规定校园周边车辆、行人和驾驶员，约束交通参与者的行为，保障学生上下学的交通安全。2004年，美国交通运输研究协会下属的交通安全管理委员会专门成立了学校交通委员分会，负责研究学校交通安全，研究内容包含校园周边交通安全、学生交通方式选择、交通对空气质量及对学生的影响等。此外，对于校园周边超速行驶和饮酒行驶的驾驶员，建议加强对其处罚的力度。

4.5.2 完善校园周边交通设施

通过完善校园周边交通设施，来改善交通运行环境，减少交通安全事故的发生。如增设减速、限速、慢行、让行、人行横道标线等标志标线，如图4-13所示，并且要将其设置在适当的位

图4-13 英国交通宁静化措施

资料来源：http://www.geograph.org.uk/photo/2497205

置,提醒驾驶员注意学校路段、注意学生过街,车辆应减速慢行。另外,妥善处理好家长接送儿童上下学时车辆停放问题,减轻对学校门口道路的占用,从而保障学生上下学时的交通安全。

4.5.3 加强校园周边的交通管理

合理的交通管理措施、完善的交通控制系统是保障道路交通安全、维护良好交通秩序的保障,而目前学校周边不完备的交通管理和控制设施则是引发交通安全事故的主要原因之一。学校附近车辆行驶速度过快,经过学校时大多数驾驶员不减速行驶,行人在道路上违反交通规则等等,不仅需要有警告标志的约束,还需要交通管理人员对学校周边的交通环境进行管制。

4.6 儿童出行的安全教育策略分析

教育能提高人的意识,意识能改变人的行为,行为决定了后果。交通安全教育是解决交通事故的根本途径。尤其是在当前经济高速发展的社会中,儿童出行的安全问题越来越受到重视,传统的儿童出行,诸如步行、自行车出行已随着机动化的不断提高逐步转向小汽车出行、公交车出行等方式。对儿童出行的安全教育要坚持发展的眼光,只有掌握全面的交通安全知识和自我防卫意识,才能确保儿童出行的安全。

4.6.1 儿童出行的安全教育方式

通过调研数据我们可以发现,不同年龄层次的儿童,其出行安全教育的特点也不尽相同。小学阶段儿童安全教育特点重在模仿。小学生接触社会少,安全意识薄弱,学校、家长与社会必须要给出正确引导,带领儿童模仿正确的安全出行方式。中学阶段儿童安全教育特点重在实践。中学生具有一定的社会经验,可以在学习安全知识的基础上进行安全实践,以掌握安全的出行方式。

具体的安全教育方式如下:

1. 学校交通安全教育

传统的儿童出行安全教育方式主要是学校教育和家长辅助式教育。学校和家长作为儿童身边重要的影响因素,在儿童安全出行方面要做好教育工作。对学校来说,此项工作可从系统教育和强化教育两方面来做。在系统教育上学校要给每个学生分发《交通安全教育手册》,定期开展交通安全教育,学习交通安全知识。在强化教育上可以借鉴采取"交通安全活动周"的形式,在活动周内重点抓好与儿童出行密切相关的内容。

2. 家庭交通安全教育

对家长来说,除了要求配合学校做好关于儿童出行安全教育的工作,还要在生活中给予一定的安全出行示范与指导,并且在某些出行问题上家长有一些习惯性的错误意识也需要及时改正。

3. 社会交通安全教育

在英国,道路交通安全教育贯穿了孩子的整个成长过程,从对幼儿走路及玩耍的安全教育到对青少年骑自行车的训练。其中较为行之有效的教育项目是"儿童交通俱乐部"(The Children's Traffic Club)。儿童交通俱乐部的目标十分明确:(1)减少目标年龄层儿童的交通事故伤亡率;(2)影响俱乐部成员儿童的长期行为;(3)提高家长的道路交通安全意识,增加其道路交通安全知识;(4)间接地影响其他家庭成员(如家长本人、年龄较长的孩子等)的行为,使其受益。到目前为止,儿童交通俱乐部是英国研究最多和评估最为完善的道路交通安全教育项目。

在国内也成立了一些关于儿童安全出行的新型教育方式。2010年以"交通安全伴我健康成长"为主题的 BMW 儿童交通安全训练营在全国范围内成立,BMW 首次与教育部合作,在全国 20 站活动城市的小学校园搭建交通公园,让交通安全走进校园、融入更多孩子的日常生活。小朋友们可以驾驶玩具汽车和自行车模拟真实出行情况,并学习诸如"学校附近要减速行驶"、"不可以违规停车"等安全知识。BMW 儿童交通安全训练营利用先进的教育理念和科学的教育形式,培养了儿童自我保护的交通安全意识。

通过以上的内容我们可以看出,儿童出行的安全教育被社会越来越多地关注,教育的方式方法也呈多样化趋势,这就给儿童带来更多关于安全出行的保障,也进一步降低了儿童出行事故的发生。

4.6.2 儿童出行的安全教育内容

儿童出行的安全教育内容应能反映交通发展趋势。

首先,在各种交通方式的安全教育上,交通安全教育应能在内容上体现儿童出行特征的变化。从交通结构的发展变化可以看出,儿童上、下学使用自行车、步行等非机动化交通方式的出行比例从80%逐渐降低,机动化的交通出行方式比重在逐年上升,其特点是小汽车出行比例逐步提高。因此交通安全教育内容应能体现这种特点。

其次,智能交通是未来交通系统的发展方向,其特点是着眼于交通信息的广泛应用与服务、着眼于提高既有交通设施的运行效率。儿童安全教育中应能体现智能交通的应用,方便儿童出行,进而保障儿童出行安全。

最后,绿色交通与可持续发展概念一脉相承。它强调的是城市交通的"绿色性",即减轻交通拥挤、减少环境污染、促进社会公平与合理利用资源。其本质是建立维持城市可持续发展的交通体系,以满足人们的交通需求,以最少的社会成本实现最大的交通效率。从交通方式来看,绿色交通体系包括步行交通、自行车交通、常规公共交通和轨道交通。儿童应了解健康的出行行为和交通习惯,多步行、多骑自行车、多采用公交出行方式等对环境影响较小的绿色出行方式,减少小汽车以及个性化交通工具的使用,为社会的可持续发展做出自己的一部分贡献。

4.7 小结

在第 2、3 章量化分析的基础上,本章对适合我国城市儿童的出行政策进行了分析和总结,包括不同交通方式儿童出行策略、就近入学政策、弹性上下学政策、公共校车策略、校园交通宁静化政策、儿童出行安全教育策略等。

第 5 章　国外校车运营管理经验

校车是接送学生的专用车,按照固定的路线往返于学校与指定地点的客运车辆。本章旨在通过介绍国外校车运营管理经验,揭示出我国校车运营管理上的不足。通过借鉴国外对于校车路线、站点的设置和法律上的保障措施,提出针对我国当前校车运营的建议措施。

5.1　运营管理模式

5.1.1　校车运营管理模式概述

在我国,专用校车出现较晚,近几年来,各地校车数量才逐步呈现增多趋势。由于校车准入机制、校车运行监管等方面的制度及管理缺位,当前社会上校车管理状况令人忧虑,校车交通安全事故时有发生。对比西方发达国家,以美国为例,校车是孩子们上下学、参加课外活动的首选交通工具。美国有着世界上最大的校车运营系统。据统计,2007 年美国每天有 43.5 万辆校车接送超过 2500 万 18 岁以下学生上下学。目前全美校车总量达到了 48 万多辆。无论联邦政府还是各州政府,都建议将校车作为孩子上下学、参加学校课外活动的首选交通工具。政府之所以如此,是因为校车具有极高的安全性,其在所有交通工具中的交通事故率最低。同时可以极大缓解由于接送孩子造成的道路交通拥堵。

如何有效地改善国内校车运营管理模式,改善目前国内儿童安全状况已成为我们当前亟待研究及解决的一个问题。在此,通过对比国内外的校车现状并进行分析,对儿童安全出行提供参考。

5.1.2 国外校车运营管理模式

1. 美国校车运营管理模式

美国是目前世界上校车运营管理水平居于领先地位的国家之一,在美国,校车是最安全的交通方式。无论是在校车管理立法、建立安全标准,还是在制定、实施校车管理措施等方面,都已形成了非常完备的体系,事故率、人员伤亡率非常低,所取得的管理成效有目共睹。调查结果显示,美国的校车安全程度是私人小汽车的8倍,同时,乘坐校车出行的死亡率是5亿车/公里。相比其他类型的车辆,校车的知名度、大小和重量都是相当占优势的,大型学校巴士可以为儿童出行提供保护,通过学习美国等西方国家所具有的学校巴士先进经验,可以对我国的校车发展有所裨益。

(1) 资料记载

1827年,美国最早一辆校车诞生。当时是一驾马车可以乘载25名学生。19世纪末,随着公立学校的普及,美国的乡村地区出现了专门接送孩子上下学的校车。到1910年,学生交通计划已在30个州不同程度地得以实施。当前,往返于美国各社区和中小学校之间的校车已普遍被认为是安全性能最高的车辆,为美国家庭提供最为安全的运输服务。美国目前有校车约45万辆,每年出车约88亿次,其安全记录显示,校车比家庭小汽车接送学生安全近8倍。借鉴其运营管理经验,可以对国内相关工作及儿童安全研究提供参考。

在美国社区,每天清晨都可以见到一种橙黄色的长头大客车接送孩子们上学。这种大客车在美国被称为 School Bus,即校车。但校车并不是学校配备的,而是由校车公司按学区统一调度和管理,承担各个学校的学生接送任务。

(2) 法律基础

国家公路交通安全管理局(NHTSA)有一整套用来评估校车的安全状况的检验标准,以确保校车运输是儿童出行的一种安全形式。此外,校车安全标准还需要达到最高联邦机动车安全标准（FMVSS），内容包括汽车座椅要求、紧急出口、车顶强度和发动机系统的完整性，以及最低汽车身体联合强度等规范要求。在《公路安全方案第17号方针》中，联邦政府要求各州政府分别制定一套完整的学生运输安全方案。这种安全方案在很大程度上就是校车的营运管理方案。目前，美国的50个州都已经制定了这种安全方案。除此以外，各州都在本州的相关立法中对校车的营运问题进行了规定。联邦与各州在这方面的立法主要涉及校车的配备、校车营运人的准入、校车驾驶员的选用、校车运行线路的选择、校车的检查与维护等方面。

(3) 营运保障

美国中小学生的运输费用被列入教育预算，由各州下拨到市（县），再由市（县）下拨到学校，由学校集中统一购买校车，管理和聘用司机，学生可以免费乘坐校车。在美国，坐校车最大的好处是省钱、方便和安全。上公立学校的孩子坐校车不用交钱，私立学校的学生交的也不多，这基本是一种教育福利。由于美国孩子上公立学校的多，因此都能享受这项福利。在2004年～2005年，55.3%的美国学生是乘坐校车上下学的，为此，政府每年花费175亿美元。平均每个学生692美元。这些资金主要通过发行市政债券筹集，同时各级政府财政对校车产业给予补贴。美国的校车虽然专为学生服务，但却采取商业经营的办法。以纽约为例，由政府的教育委员会规定路线，招标拍卖经营权，与私人校车公司签订合同，学校和学区只负责监督安全和制定校车运行规则。这样既引进竞争机制，使服务质量得到保证，学校也没有额外负担。私人校车公司一般不大，都是地方性企业，但也有一定的规模，能保证车辆维修和驾驶员培训。如纽约的学校交通公司有30多年历史，650辆车，建立了两个维修车间，竞争到了800条线路，不仅接送学生上、下学，而且还有其他接送孩子参加活动的服务。由于这些生意非常稳定，因此公司只要加强安全服务，保持合同，就有很好的营业收入。美国每年还要新生产4.6万辆校车，用于旧校车的更新和扩充运力，加上维修和配件制造，形成了一个每年有约 150 亿美元产值的"校车产业"，这是美国校车得以存在和不断发展的原因。

(4) 管理机构

在美国，国家、州和当地政府共同管理着校车服务。这个涉及学生交通安全的行业，是为数不多的几个要求国家更多规范和介入的行业。联邦政府在其中所起的作用并不如州政府那样大，但是如果没有联邦政府制定的标准，也许整个产业都会不复存在。简言之，联邦政府负责发布规范以及校车安全等各方面的底线。国会有时也会出台新的法律如《校车安全修正案》来影响整个产业。

目前，联邦政府的校车管理机构主要有：

1) NHTSA（国家公路交通安全管理局），负责 60 多个美国联邦机动车安全标准的交通管理，其中包括若干专门适用于校车的标准，是国家公路交通安全管理的联邦领导机构。

2) NTSB（国家运输安全委员会），负责处理校车特大事故的调查报告及各种问题。

3) FMCSA（联邦车辆安全管理局），主要任务为降低与车辆相关的伤亡，校车服务也在其管理范畴内，是联邦中负责学校相关运输的最重要机构，它通过严格执行驾驶员驾照管理和商业运营车辆驾驶员管理、提高商用汽车技术、强化商用汽车设备，操作标准和提高安全意识等来保证运输安全。

4) FTA（联邦运输管理局），负责公共运输系统中学生交通的问题。而更多日常的控制和管理则来自于州政府层面。

2. 英国校车运营管理模式

2000 年，英国警方在全国大清查中发现了 250 多辆不符合安全行驶要求的校车，当时大部分的家长宁可选择自己送孩子到学校，也不愿孩子搭乘校车。一项对 5~16 岁英国学生上下学选用交通工具的调查显示，约有 50% 的学生选择步行，30% 选择坐私家车，14% 坐公交车。而在 7~10 岁的学生中，出于安全考虑而选择坐私家车的学生比例高达 85%，而且近年来，乘坐校车的学生数量呈现减少的态势。大部分学生仍选择乘私家车往返于学校和住宅之间，乘校车上下学的学生只占总人数的5%，这也导致高峰时期学校周边出现交通拥堵和城市空气污染愈发严重等问题，由于校车是解决这些问题的一剂良方，所以近年来号召学生改乘校车的呼声越来越高。因此，为促进校车出行，英国进行了大规模的校车改革。2003年，新校车正式投入运行。英国以高造价获得了高质量的校车，车身颜色也由该国传统的红色改为国际上广泛使用的深黄色。按照规定，所有儿童无论有没有保险，从登上校车起，全部由校车负责。近年，英国的校车服务不断完善，英国教育机构计划在全国推行美式"黄色校车"，以提高校车安全性，并缓解上下学时的交通拥堵，为此每年耗资1亿英镑以上。

英国政府对地方政府不提供校车运营补贴，地方政府从自身的教育经费预算中划拨专款用于校车的购买、运行和其他相关支出。地方政府运营校车的部分收入来源于不符合免费乘坐校车条件的学生所需缴纳的车费。在英国，由于地方政府情况不同，校车运营也呈现多种形式，私营运输公司和学校都参与校车运营，也有一些地区出于充分利用公交资源的考虑，在学生上下学期间将公交车暂时调拨为校车使用。

在运营管理模式方面，位于伦敦东南方向的萨里郡吉尔福德镇于2006年1月开始实施小学生专用校车项目，目前有20辆校车在为该地区14个学校共计850名小学生提供服务。兰尼米德（Runnymede）的黄色校车服务不仅做到以上几点，而且犹有过之。萨里郡政府拥有该项目投入公交车的所有权和委托运输公司经营校车的管理权。校车的票价按照年龄进行划分，如果同一家庭有2个以上（含2个）学生同时乘坐校车，还可享受半价优惠。校车的命名还采用向小学生公开征集的形式，产生了一定的宣传效果和社会影响。该项目校车每年的运营费用为100万英镑，国家不提供财政补贴，全部由地方政府承担。地方政府为了减少运营开支，采取了灵活变通的方法，如在非上下学高峰时间段内，调用校车作为普通公交车使用，可以收取一定的车费。同时还通过精简办公人员、减少办公费用等方法降低运营成本。当校车开通后，该地区中约有54%的小学生乘坐校车，接送学生的私家车数量大幅下降，有效地缓解了学校周围的交通拥堵情况。校车每日接送学生两次，极大地减轻了监护人的负担。学生在乘坐校车时，也养成了良好的乘车行为和采用公共交通出行的习惯。此项服务是由兰尼米德区委员会连同相关企事业单位提供，这些成员包括：当地的商贸组织，教育部门和警方。

3. 法国校车运营管理模式

法国中小学校车运营和管理呈现出显著的城乡差异和公私差别。就公立学校而言，在人口密集和公共交通发达的大都市，校车需求并不存在，只有人口稀少、居住分散的农村和远郊区才有校车需求。从管理和经费来源说，公立学校的校车是公共交通体系和社会福利的一部分，接受政府管理和补贴。私立学校的校车则是纯粹的市场经营行为，由学校自行负责。但无论公立还是私立，只要挂有校车标志的车辆，在行驶中都享受优先特权。

1973年，法国政府专门就校车的管理办法、行驶规则和驾驶员雇用标准等进行了立法。目前，法国中小学的学校交通问题是按照行政区划和职能部门的职责划分进行组织和管理的，这种管理办法与法国行政区划及财政预算的体制相关。法国行政区划分为4级：国家、地区、省、市，对校车进行预算和管理的是省级政府。具体来说，掌管校车预算和日常管理的是总顾问委员会，其成员由众议员选举产生，主要负责校车运营经费的审批和行驶路线的确定等。由于所处地域和经济属性的差别，法国中小学校车的运营情况及特点呈现明显的城乡差异与公私差别，主要表现为以下几方面：

(1) 公立学校实行就近入学原则，只有农村及远郊地区有校车需求

在农村及远郊地区，由于地域广阔、人口居住分散，即便实行就近入学原则，一些学生上、下学的距离还是比较远。在这种

情况下，有需求的公立中小学会开通校车。校车由总顾问委员会选定的公司经营，在特定时间行驶学生线路，在学生需求以外的时段则为社会提供公交服务。在当地的公交价格标准基础上学生还能享受优惠乘车。提供校车服务的公司运营如果入不敷出，则由总顾问委员会根据实际情况给予补贴。

（2）私立学校根据经营状况自行解决校车问题

私立学校不受就近入学原则的约束，存在校车需求，但在实践中这些学校是否开通校车完全取决于学校举办者的意愿和学校的财务状况，私立学校的校车通常为学校自有车辆，由学校全权管理，不享受政府的财政补贴。学生乘坐要支付费用，数额由学校自行决定。在私立学校上学的学生，如果使用公共交通工具，与公立学校的学生享受相同的优惠。

（3）重视制度建设，确保校车运营安全

在法国，交通法明确规定挂有校车标志的车辆享有交通优先权，很多路口有校车先行标识。社会车辆对挂有校车标志的车大多会自觉礼让。校车司机必须通过严格的驾驶考试，拥有省级的校车驾驶执照。

4. 日本校车运营管理模式

日本中小学校车运营和管理呈现出较大的城乡差异；目前还没有关于校车问题的明确立法。现有校车主要是为了解决偏远地区、人口居住分散情况下中小学生上下学困难及人身安全问题。在东京、大阪和名古屋等人口稠密、公共交通发达和治安良好的大都市，校车需求并不大。日本校车运营和管理的特点主要表现在以下三个方面：

（1）根据城乡差别因地制宜

在义务教育阶段，日本公立学校都实行就近入学政策。在东京和名古屋等大都市，小学一般都在步行可及的范围之内，中学也是建在步行或骑车就能到达的区域，因此没有校车需求。接送中小学生的校车，只有在人口稀少的乡下或山区才有。在北海道等冬天气候寒冷、上下学骑车和行走困难的地区，公立学校每到冬季都会为学生提供校车。私立学校的学生，由于大都市的公共交通发达，治安也比较好，因此一般是自己搭乘电车或公交车上下学。

(2) 为确保学生安全，偏远城乡校车需求有增加趋势

受一些学生安全事件影响，日本不少省市的政府官员和学生家长都认为开通校车是确保学生人身安全的好办法，因此政府主管部门加大了对校车的投入，并修改相关法规扩大校车的服务范围。随着"少子化"（指未满15周岁的少年儿童人口不断减少的社会现象）呈逐年加剧趋势，有人提出市区也应该引进校车，但社会对此呼声并不高。

(3) 校车通行和费用享受优惠待遇

日本现有校车既有学校或地方政府自有的，也有向运输企业租用的。前一种校车由学校或政府所有和管理，驾驶员也由学校或政府雇用；后一种车辆由运输公司所有。无论哪种校车，驾驶员都要持有专门的驾照，并经过严格选拔。同时，校车在路上行驶时，可以使用公交专用车道和公交优先车道。在费用方面，日本各地的解决方法并不相同。一般公立学校的校车由政府出资，学生免费乘坐。私立学校的校车则有的免费、有的收取车费。目前，中小学校车费仍在消费税的课税范围内，鉴于托儿所的校车费是不收税的，因此，有人提出，为进一步减轻教育费负担，对中小学的校车费也不应再收税。

5.1.3 我国校车运营管理模式

虽然近年来我国对儿童安全的重视程度逐渐提高，但国内校车状况与国外相比仍然存在一定差距。在北京、上海等很多地方，由于车流较多，很多家长不敢让孩子自己上学、回家，因此接送孩子上学、放学成为家长每日必须完成的一项工作。以北京市为例，2007年，北京市人代会的一份代表议案显示，目前北京市中小学在校生约为170万人，大约有51%的学生需要家人、保姆接送。如此巨大的需求使得北京市的很多学校、幼儿园都采

用各种方式购买或租用校车。下面以北京市为例，介绍国内大城市校车运营管理状况。

在《北京市中小学校车问题的调查研究》文中，通过对北京校车进行问卷调查，对北京市海淀、房山、朝阳和大兴四个区校车的开通情况、经费来源、未开通校车的原因以及校方与家长对是否开通校车、校车费用负担、校车的责任和管理等问题进行调查。数据显示，在经费来源方面：学校校车的经费来源大部分是学校和家长共同负担（占33.3%），其次是学校单独出钱（占28.1%），第三是家长单独承担（占14%），政府出资在其中只占12.3%。调查发现学校周边的交通拥堵现象比较普遍，其中，被调查学校中11.6%的学校反映周边的交通拥堵现象比较严重。从各区的情况来看，朝阳区和海淀区学校附近的学生在上下学时的交通堵塞现象比较严重，与之相比，房山区和大兴区这样的远郊区学校附近的交通堵塞现象不是很突出。

实际上，不仅城市对校车的需求很大，在我国广大的农村地区，对于校车的需求也很大。自从"撤乡并校"政策实施以来，在农村教育资源整合的同时，学生上学远的问题也日渐显现出来。例如，2002年，威海市农村中小学由原来898所锐减为325所，中小学生平均上学路程约3km，最远有10多公里。因上学路程增长，迫使许多家长不得已用农用车辆，甚至拖拉机等接送学生，这不仅增加了家长的负担，学生上学的安全也难以得到保证。在一些经济发展水平较低的省份，由于公路状况不佳或是公交系统覆盖面不广等问题，校车就更加成为家长们放心让孩子上学的期盼。同时，随着农村大量劳动力外出务工，农村留守儿童增多，为解决孩子"无人带、无人教"的问题，农村幼儿园大量兴起。这些幼儿园多为私人兴办，其中多数是没办任何手续的"黑园"。为了吸引生源，私立幼儿园大多号称有"校车"，当然他们所谓的"校车"自然也不会办手续。还有一些是租车当"校车"，他们在租车时就与车主签订协议，明确接送过程中出现交通事故由司机负责。

在农村，真正由学校购买、手续合法、专门用于学生接送的"校车"很少。据调查，当前农村接送学生车辆的经营形式主要有三种：一是"自有式"，即学校自有校车，自请驾驶人，学校向学生收取交通费；二是"挂靠式"，中小学校、幼儿园指定相对固定的车辆和驾驶员接送学生，学校起中介作用，学生将费用直接交给车主；三是"自由式"，学生家长联合雇用车辆，按时接送学生。而在城镇，校车来源主要有：一是交通部门通过公交公司安排的校车，二是学校自购车；三是学校委托的（以租赁方式）公交或运输公司的车辆；四是村（居）委会自有的接送学生上下学的车辆。

5.1.4 国外校车安全保障对我国的启示

根据最新的政策建议，为保证校车安全，美国政府部门提出了全力保证校车安全发展与预防校车事故措施的政策。为此，相关部门提出了与高科技公司合作并引入先进技术以保证校车安全，这些先进技术手段包括可以监控校车内部和外部状况的视频监控系统，这种视频监控系统可以保证车内外儿童的安全，无线通信网络技术的引入，GPRS技术的引入可以通过调度中心通知各处校车的到达时间，从而保证儿童在等候车辆时的安全。同时在车内播放适龄儿童欣赏的音乐并加强公益宣传等。

此外，为保证儿童出行安全，相关部门提出的管理措施包括以下几方面：

对校车司机及相关工作负责人员建立职前筛选和面试，建议新的校车司机申请人接受相关的训练，例如纪律训练、管理学生行为、如何处理有特殊需要的学生、平息家长愤怒情绪的方法、紧急事件应急训练并且要了解国家与当地的安全法规和儿童安全方面的法律。

对校车司机进行培训，教授其如何处理校车内的潜在危险，包括突然闯入校车的威胁者、来自学生的威胁，并对潜在的危险提供警告。同时对交通主管部门如何应对恐怖主义相关的问题，包括炸弹威胁和可疑设备的处理等。

对学校的校车设施及相关附属设施进行安全评估。在校车内使用新技术以保证校车安全，如双向广播和监控摄像头等。建立学生名册，公示紧急联系电话并在公共汽车上配备急救箱，消防设备等安全设施。

通过实地考察，建立安全和应急计划指南，包括相关的校车通信程序。针对潜在的危险因素，包括犯罪、暴力以及自然灾害等，建立应急指南。在周边地区和更广泛的社会范围内建立应急计划。如紧急情况下在主要社区内调动校车，确立校车在市县范围内的应急管理中处于什么角色，如果公共安全和应急管理部门紧急征用校车的话应如何处理，如果紧急情况下缺少机动车燃油应如何处理以及司机无法驾驶校车时应如何处理等。

校车管理部门会定期召开会议，学校管理人员讨论纪律程序、安全实践及相关问题。定期进行安全演习实践并完善应急训练评估的书面计划。使校车可以接受当地的执法部门、特警小组和其他公共安全部门的检查。

5.2 校车路线及站点设置

5.2.1 公共校车路线及站点的管理概述

1. 公共校车路线

本节给出了公共校车路线的一般管理原则，涉及道路特性、交通特性以及标识标线三个方面。

公共校车的路线应当给予儿童安全、便捷地上下学出行环境。公共校车运行的线路必须是安全的，并且接送儿童上下学的站点位置应当对称、统一。

一般来说，使用或提议的公共校车路线应当满足设计标准，包括交通工程设计标准、道路线形设计标准或手册，具体应涉及：(1) 视距与停车距离；(2) 道路线形；(3) 路面排水；

(4)辅路以及交叉口；(5)交通流控制；(6)路侧建筑物等等。

更进一步来看，与公共校车路线和儿童安全出行相关的必要做法应当还包括以下两个方面：(1)公共校车在行驶路线上的运行状况；(2)单独为校车服务的标志标线等等。这些问题将在管理细则中详细说明。

2. 公共校车站点

本文给出了公共校车站点的一般管理原则，涉及交通事故历史记录、视距、道路特性、交通特性、校车站点选址、标识、乘客等候设施以及行人设施等因素。

公共校车的站点设置应当谨慎选择，确保儿童以及其他道路使用者安全、便捷地使用相关交通设施。

一般来说，公共校车的站点选址应当注意：(1)最优化儿童以及其他道路使用者的安全；(2)将站点对道路交通流系统的影响降至最低。

通常，公共校车站点选址同样应当满足设计标准，包括交通工程设计标准、道路线形设计标准/手册等。

更进一步来看，与公共校车站点选址、设计以及儿童安全出行相关的必要做法应当还包括以下几个方面：(1)校车站点附近的交通事故历史记录；(2)校车站点活动区域的视野与视距；(3)校车站点对超车区的标线设置；(4)校车站点附近的行车道特性；(5)校车站点附近的交通特性；(6)校车站点对交叉口以及路段上校车停车设施的配备；(7)校车站点以及行驶交织区的专用标识；(8)乘客候车设施的配备；(9)行人设施的配备。以上问题将在相应管理细则中详细说明。

5.2.2 公共校车路线的管理细则

1. 交通运行状况问题

公共校车的交通运行状况涉及多方面的问题，包括交通延误与排队、车速差异、行车道的设计准则、行驶道路条件、交通设施的结构完整性等等。下面对各个涉及部分的管理问题进行详细阐述。

(1) 交通延误与排队

公共校车的运营可能导致短时集聚的交通流（由于公共校车停车占用道路某一条特定的车道），对其他社会车辆造成延误。若延误时间过长，社会车辆很可能由于等待焦急，出现违规驾驶的情况。这种现象对学校儿童的安全是不利的。因此，当开设公共校车线路时，应当考虑如下交通准则：

1) 公共校车的运行以及站点分布密度的设置不应对其他社会车辆造成较大的延误与排队；

2) 当公共校车线路的开设不可避免地对社会车辆造成较大延误时，应当考虑设置诸如辅助备用车道、校车专用停车区域、让行避险车道等应急设施；

3) 公共校车运营导致的车辆排队可能对其他社会车辆造成安全隐患。例如，由于校车的运行或停车，可能导致位于队尾的排队车辆正好排在道路纵坡的坡顶点上，这样停车是非常不安全的。当这种情况不可避免并频繁发生时，应当通过诸如标识等方式警告社会车辆驾驶者注意这种情况的发生。

(2) 车速差异

公共校车的运营可能导致不同车型之间的车速差异（比如小汽车、校车等等）。这将增加排队长度、时间延误以及超车行为发生的频率。当交通流较大时，高频率的超车与较低的交通服务量将带来交通系统的运营与安全问题。

此外，不同车型之间的车速差异过大将促使不安全事件的发生，增大多车碰撞事故的概率。例如，行驶较快的车辆与行驶较慢的车辆追尾（比如在平面曲线段、纵坡定点处等）。因此，当开设公共校车线路时，应当考虑如下道路准则：

1) 公共校车的运行以及站点分布密度的设置不应使其与社会车辆的车速存在较大差异；

2) 当公共校车与其他社会车辆之间的车速较大时，应当考虑禁止超车、提高视距与停车距离的设计值、提前对可能出现的安全隐患进行提示、或者是改换线路、改换合适的车辆等策略。

(3) 行车道的设计准则

公共校车的运营状况可能与道路行车道的设计准则相关。当行车道设计不合理与视距较差同时发生时，将增加多车事故（比如侧面碰撞、正面碰撞等）的发生概率。

较宽的行车道与路肩可以增加驶回道路的机会，同时还可以在车辆行驶、超车等情况下提供更宽的横向距离。此外，还可以降低社会车辆由于校车停驶、紧急制动、道路养护而造成的干扰程度，增大平面急转曲线段的视距。因此，当开设公共校车线路时，应当考虑如下行车道的设计准则：

1) 在道路平面曲线附近，应当保证校车行驶车道的独占性，即设计校车专用车道；

2) 当校车行驶车道的专用性不能保证时，应当依据车辆行驶风险的程度，考虑诸如加宽行车道、提高视距、设置警告标识、更换线路以及更换较小的车辆等措施。

(4) 校车的道路行驶条件

道路路面的不平整与瑕疵将严重降低校车的行驶稳定性，并可能提高行驶错误的可能性，这将增加交通碰撞事故发生的概率。调查报告显示，相对于小汽车碰撞事故，道路路面的粗糙更容易导致大车碰撞事故。

道路路面的类型与状况（比如防滑性等）会影响运行速度、滚动阻力、车辆行驶状况以及滑行特性。例如，一辆满载学生的校车在大雾的天气条件下，爬行坡度较陡的路段。因此，当开设公共校车线路时，应当考虑如下道路路面的设计准则：

1) 公共校车路线的沿线道路路面材料应当合适车辆在任何天气条件下行驶；

2) 当道路路面粗糙、防滑性能不够时，应当考虑采取措施弥补道路路面问题。

如图 5-1 所示，对于未设置路肩、路面为土路面的路段，行车道的结构稳定性较差，尤其是对于阴雨天气，道路路面柔软，

(a)　　　　　　　　　　　(b)

图 5-1　校车行驶路线中未封装的路面

易降低校车行驶的控制能力，增大校车运行的安全隐患。

（5）交通设施的结构完整性

在校车行驶路线沿线，可能需要诸如桥梁桥涵、分洪河道、堤道、格栅网格等交通设施。对这些设施的结构完整性进行调查与确认是十分重要，时刻牢记，校车线路涉及的问题与范围是较大的。此外，任何与校车线路沿线相关的交通设施应当结构完整、良好。因此，当开设公共校车线路时，应当考虑如下结构准则：校车线路沿线所有桥梁桥涵、分洪河道、堤道、格栅网格等交通设施的结构完整性应当符合要求。

2. 沿线标识问题

交通标识是用来确保交通车辆安全、有序行驶的。因此，确保交通标识之间的一致性是十分必要的。在相似的交通情境下，标识应当设置为同一类型，以至于道路使用者能够按照要求行驶。由于在不同的情况下标识的使用亦不相同，因此产生了潜在的危险情形。

同时，交通控制设备一致性手册也强调了警示标识由于设置不恰当或过于频繁而失效的重要性。交通标识的使用应当严格遵循最小配备的要求，并与安全要求一致。当在正常情况下驾驶者可能看到或意识到前方有潜在危险情形时，才应当设置警示标识。因此，当开设公共校车线路时，应当考虑如下标识设置准则：

(1) 只有当警告机动车驾驶者该道路可能有校车或学校儿童出入是必要的时候，才可将该道路标识为校车路线。

(2) 将某道路标识为校车路线，应当在校车路线的起始点采用"前方____公里"的标识牌进行标识，如图 5-2 所示。对于长度大于 1km 并且存在以下缺陷的路线，应当重复设置标识牌：1) 行车道较窄；2) 行驶路面未进行封装；3) 曲线线形；4) 竖曲线设计不好；5) 坡度较陡；6) 该线路有两条以上校车线路运营，要么是同方向，或是不同方向但同一时间；7) 该路线重型车比例较大（比如重型车比例超过 10%），比如旅游观光车等，并且校车的安全运行备受关注；8) 学校儿童的活动区域靠近道路两侧。

图 5-2 "前方____公里"的校车路线标识牌

(3) 应当指出的是，当道路环境的安全水平不足并且达不到校车运营的安全标准时，应当重新审视使用该道路作为校车线路。这意味着当没有其他线路可以选择作为校车线路时，应考虑提升道路等级来满足安全性要求。此外，校车警示标识并不是为了区分安全与不安全路线和站点而设置的。

(4) 为了保证校车警示标识的公信力，应当在道路被放弃用作校车路线或是升级为不需要警示标识道路的情形下，立即撤除校车警示标识。

(5) 非标准校车路线指示标识如图 5-3 所示。标识采用白底红字进行设置，由于与道路警示标识设置一致，可能导致驾驶者将该标识误认为常规普通标识。

(6) 出于安全方面的考虑，校车路线中的调头区域应当用标识指出，如图 5-4

图 5-3 非标准校车路线指示标识示例

所示，警示机动车驾驶者该路段出现校车（例如掉头等）的可能性。

图 5-4　校车掉头标识　　　图 5-5　校车出入标识

（7）校车掉头/转向区域的设置应当满足乘客的安全，并且要同样保证其他道路使用者的安全。校车掉头/转向区域的附近道路应当为行进车辆提供足够的视野并保证其处于良好的状况（比如粗糙程度、防滑能力等）。校车掉头/转向标识不应当用来区分校车掉头/转向是否安全。

（8）校车出入口的引道（接入主路的道路）应当设置标识牌，如图 5-5 所示。校车出入标识应当在引道与主路的交汇处提前设置，否则该标识将会妨碍交通或使道路其他使用者的安全性降低。

（9）同样需要指出的是，当道路环境安全水平不足并且达不到校车运营的安全标准时，应当重新审视设置校车出入标识。这意味着当没有其他出入口可以选择作为校车出入口时，应考虑提升道路等级来满足安全性要求。此外，该标识并不是为了区分安全与不安全校车出入口而设置的。

5.2.3　公共校车站点的管理细则

1. 碰撞事故记录

交通碰撞事故在大多数情况下都是受许多偶然因素影响而发

生的。研究发现，在机动车碰撞事故中，通常包括三方面影响因素：

（1）人的因素（约有95%的交通碰撞事故涉及该因素）；

（2）道路环境因素（约有28%的交通碰撞事故涉及该因素）；

（3）车辆因素（约有8%的交通碰撞事故涉及该因素）。

分析特定地点或道路断面上的交通碰撞事故数据可以对事故影响因素进行定义并提出相应的补救措施。

因此，当开设公共校车站点时，应当考虑如下碰撞事故准则：1）考虑是否合适选址为校车站点时，对所有类型的交通碰撞事故数据均应进行分析；2）公共校车站点不应当设置在有碰撞事故记录的区域，否则将使校车站点诸如儿童等候校车、校车停车等活动处于安全隐患中。

2. 站点视野问题

（1）视野

为了避免碰撞，尤其是考虑诸如校车停车、儿童过街等情况时，驾驶者需要有足够的视野。

公共校车站点的最佳选址应位于道路线形的直线段与坡度均匀段。校车站点在任何情况下都不应当设置在视野受限的区域，比如平面线形急转弯附近、纵坡竖曲线顶点附近等。

校车站点的视野应当充足，从而保证当公共校车驶入、驶离校车站点时，后方跟驰车辆能够安全停车或减速。当校车停靠乘客上下车时，其他车辆可以安全超过校车。因此，当设立公共校车站点时，应当考虑如下视野准则：

1）对于所有道路使用者来说，校车的站点以及相关活动是能明显看到的。

2）当视距受限时，校车站点应当避免设置在急转弯处或是纵断面线形急剧变化处。考虑视距的问题，校车站点的理想选址为平直路段中。

3）当校车站点无法选址在理想位置上时，应当考虑诸如设置标识、为校车提供专用停驶区域等措施来提升安全性和危险的预知性。当儿童在校车站点需要横穿马路时，应当慎重考虑校车站点的位置，将其选址在更安全的地方，以确保儿童在路上行走的安全性。

4）校车站点及其相关活动不应当被植被、路侧建筑物、桥墩等挡住而影响视野。若有必要，可考虑拆除影响视野的植被等，以至于提升校车站点的安全性和危险的预知性。在任何日常光照和天气条件下，校车站点及其相关活动应当是显而易见的。

5）在一个或多个条件下，视野不足并达不到安全要求时，应当考虑采取诸如设置标识说明、照明等措施，警示机动车驾驶者在恶劣环境条件下注意可能出现的与校车活动相关的安全隐患。

从图 5-6 可以看出，由于此处为平曲线急弯段，视野受限。此处设置的儿童标识是合适的，并最好再加上校车站点标识，或是用校车转弯标识替换现有标识。

（2）停车视距

在驶向校车站点的路段

图 5-6 校车站点前预设的警示标志牌

上，对于不同行驶车速下相应的行驶视距应当给出。这是其他驾驶者视认校车站点附近的校车、儿童过街等情况的最小距离，以至于在碰撞前有足够的时间反应并停车。

一般来说，对于公交车与货车的驾驶员，视距的要求是一致的，而两者视线高分别为 1.15m 和 1.8m。这是基于这样的假设而统一的：对于公交车与货车的驾驶员，在其现有的视线高度条件下，水平面上的障碍物均能够在停车视距内看清。然而例外的情况是：当障碍物在转向曲线的内侧时，视线高度对于增加停车视距并无贡献，因此在这种情况下，应当增加公交车与货车的停车视距要求，见表 5-1。因此，当开设公共校车站点时，应当考虑如下视距准则：

1) 对于驶近校车站点的驾驶员，应当对校车站点及其相关活动有足够的停车视距，尤其是当儿童需要横穿马路时；

2) 当设计无法满足最小停车视距要求时，应当考虑诸如设置标识、提高路面摩擦系数等措施，以至于对危险情况的有预判并降低碰撞事故的风险。最小停车视距要求见表5-1和表5-2。

最小停车视距要求　　　　　　　　　表5-1

车速 (km/h)	最小停车视距（m）						
	上坡坡度			平坡	下坡坡度		
	4%	8%	12%	0%	4%	8%	12%
80	110	105	100	115	120	125	140
90	130	125	120	140	150	160	170
100	160	150	145	170	180	195	215
110	195	185	180	210	225	245	270
120	230	220	210	250	270	300	335

资料来源：Austroads. (1988). Guide to Traffic Engineering Practice, Part 5-Intersections At Grade. Austroads, Sydney.

3) 当平面障碍物在曲线内侧时，视距要求见表5-2。

障碍物在曲线内侧时的最小停车视距要求　　表5-2

车速（km/h）	最小停车视距（m）平坡（即0%）
80	145
90	175
100	210
110	245
120	285

资料来源：Austroads. (1988). Guide to Traffic Engineering Practice, Part5-Intersections At Grade. Austroads, Sydney.

(3) 超车区域

对于标准双车道道路，校车站点附近的超车区域若要安全有效，不仅需要有良好的视距，同时还应当有足够的超车长度。超车视距的确定需要保证超车车辆有足够的时间在与对向车辆的车头时距内完成超车，且不与对向车辆发生碰撞。超车区域的长度还应考虑被超车辆的车身长度。此外，其还与行车速度有关。因此，当设立公共校车站点时，应当考虑如下超车视距准则：

1) 在校车站点附近，应保证其他车辆有足够的超车机会；

2) 为了确保校车站点附近超车车辆的安全，需要在校车站点处设置供乘客乘降的区域。应当指出的是，为了与交通立法一致，在没有设置车道分界线的条件下，超车时应当保持与被超车辆之间的横向间距在 3m 以上；在设有车道分界线的条件下，驾驶者超车时应当保持车辆与分界线之间的横向间距在 3m 以上。

如图 5-7 所示，校车站点设置在含有路侧停车的道路上，因此路缘与分界线之间的宽度是受限的。那么，机动车驾驶者超车时被强迫越过分界线。这是违规的，也是不安全的；

图 5-7 设置在窄道上的校车站点

3) 若校车的乘客乘降区域不能满足相关条件，则应当重新选址。

3. 行车道的特性

(1) 行车道坡度

道路的坡度导致不同车型之间的车速差异，提高了车辆排队与超车的要求。在交通流量较大时，提高超车要求或降低服务水平会带来车辆运营风险与安全问题。

由于速度差异，上坡运行的车辆同样存在安全问题。比如由于前车意外减速导致的追尾事故。因此，当设立公共校车站点时，应当考虑如下行车道准则：

1）校车站点的选址应当考虑行车道坡度以及应急车道设施；

2）校车站点应当在相应坡度满足视距要求的路段上选址，并保证校车的运行不至于由于坡度而延缓，进而成为安全隐患或是妨碍交通。例如，当满足视距要求而坡度较陡，校车站点应当避免设置在竖曲线的弧底或线形直缓段，因为在这些路段上，校车在社会车辆交通流中进行停车或加速较为困难，且存在安全隐患；

3）校车站点不应设置在应急车道段，比如超车道、爬坡道、下坡车道、转向车道、应急车道等。

（2）车道与路肩

较宽的车道与路肩将给予驶离道路车辆重新驶回道路更大的机会，并在车辆行驶、超车等情况下提供更宽的横向距离。此外，还可以降低社会车辆由于校车停驶、紧急制动、道路养护、而造成的干扰程度，增大平面急转曲线段的视距。因此，当开设公共校车站点时，应当考虑如下行车道设计准则：

1）为了提高校车站点的安全性，路肩的宽度应当足够；

2）较宽的道路路肩（比如3m以上等等）允许社会车辆停驶在行车道外。当路线上的社会车流量较大（超过10%）且校车停车次数较多时，设置较宽的路肩是理想的；

3）交通法规明确说明，驾驶重型车或是车身较长的驾驶者不应停在未设有路侧停车的路段，除非停在路肩上。因此，当校车停驶将影响本车道交通流时，应当设置更宽的路肩。

从图5-8可以看出，路肩宽度不够，校车停驶时应注意不要影响相应车道的车流。

（3）道路路面条件

在校车停靠站点，校车对路面的要求较路段更加严格，特别

图 5-8　校车站点的位置

要注意满足路面的抗滑性能及其抗车辙能力。

如图 5-9 所示，校车停车区域设置在不满足抗滑要求的土路上，尤其是在雨天潮湿的天气条件下，这样将不利于校车的安全行驶。

图 5-9　设置在土路上的校车停车区域

4. 交通流特性

对于双车道的道路来说，较大的车流量将导致车辆频繁出现走走停停或是维持较低运行车速的状态，这将导致机动车驾驶者产生焦虑、急躁等情绪而选择危险的驾驶行为。这种危险的驾驶行为会影响或降低其他道路使用者的安全性。

对于道路使用者来说，交通车速较高以及重型车比例较大的道路具有交通事故发生的高风险率。因此，当开设公共校车站点时，应当考虑如下交通准则：

（1）应当为校车设置专用的停车区域，不占用道路空间，尤其是对于交通流量大、行车速度高、重型车比例高的路段。

（2）考虑校车运营对道路交通效率和安全产生影响的因素有：1) 校车运营时段内的交通流量；2) 行车速度环境；3) 交通组成（比如重型车比例较高等等）；4) 校车停驶频率；5) 校车停驶时间；6) 车辆超车的概率；7) 地形条件；8) 道路条件。

（3）当交通效率与道路安全由于一个或多个因素影响而不能符合要求时，应当为校车乘降乘客提供专用设施。

（4）校车站点应避免设置在行车速度较高的车道环境中（比如车速高于 80km/h），尤其是对于主路的校车站点设置。当重型车比例较高（重型车比例高于 10%）时，对在路侧等车或横穿马路的儿童来说，是较高的安全隐患。

（5）由于条件受限而将校车站点设置在上述路段中，应根据交通组成与车速状况，适当配备合理的校车站点设施、儿童等候设施、儿童出行路径与横穿马路位置等。例如，设置校车停车接完儿童后起步汇入主路交通流时的汇合标识标线、配备离行车道路较远的儿童候车区域、配备儿童横过马路专用横道等等。

5. 站点选址原则

（1）交叉口处

由于校车的停驶对交通流有影响，将校车站点设置在交叉口能使冲突区域最小。然而，校车站点对交叉口视距的要求和行人过街设施的设置位置亦不容忽视。

从校车乘客与行人安全的角度出发，将校车站点设置在交叉口的下游（出口）相对于上游（进口）要更安全，因为将站点设置在下游时，校车不会阻碍驾驶员的视线以及其他交织的交通流。

将校车站点设置在交叉口下游（出口）的优点还包括：减小校车与左转车辆之间的冲突；增加交叉口的通行能力；提升交叉口的视距；缩短校车站点的引道长度；校车乘降乘客后，更容易汇入主路车流。

若校车停车在交叉口的上游（进口），将严重影响儿童与上游车辆驾驶者之间的相互视野。上游车辆驾驶者经常由于儿童从校车车头横穿出来而来不及作出停车反应。因此，当开设公共校车站点时，应当考虑如下交叉口准则：

1）校车站点应当设置在交叉口以及横穿马路处的下游（出口）区域；

2）为了避免将校车驾驶员停驶在交叉口下游区域的行为误解为左转，要求校车站点应当距离交叉口约50m左右。

出于安全性和交通效率的考虑，对于T形路口，校车站点不应设置在各个进口的拐角处。典型的交叉口校车站点布置如图5-10和图5-11所示。

（2）路段处

前面已经提到，为儿童设置专用乘降区域是有益的，这样可以提供足够的空间以至于乘客上下车时对主路的交通流不产生

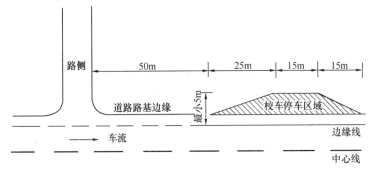

图5-10 校车停车区域与学校同侧

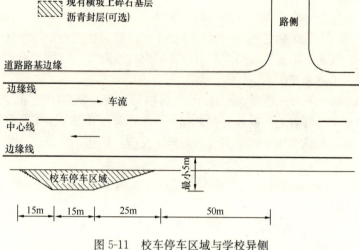

图 5-11 校车停车区域与学校异侧

注：校车停车区域的大小意味着图中所示情况为行车速度较低的车速环境（即 60km/h）。对于高速环境，校车停车区域需要扩大。

资料来源：Guide For The Road Safety Management Of Urual School Bus Routes And Bus Stops.

影响。

为了最小化交通冲突，路段中的校车站点应当设置在学校门前区域的中间或是下方位置，具体平面布置如图 5-12 和图 5-13 所示。

6. 站点标识的设置

因此，当标识开设在公共校车站点及其相邻路段时，应当考虑如下设置准则：

(1) 为了与交通控制设备一致性手册统一，当驾驶者对校车站点处等车儿童的视距在 200m 以内时，应当在校车站点前设置诸如儿童标识、校车标识、校车与学生标识等，如图 5-14、图 5-15 所示。为了提高安全性，对于视距不能满足要求的站点地址应当重新选址；

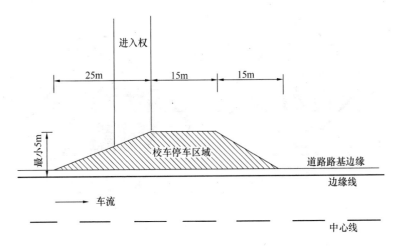

图 5-12 校车站点设置在学校门口下游

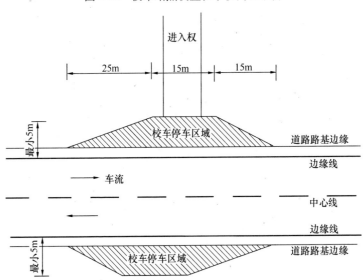

图 5-13 校车站点设置在学校门口中间

资料来源：Guide For The Road Safety Management Of Urual School Bus Routes And Bus Stops.

图 5-14　附有校车站点的儿童标识　　图 5-15　校车与儿童标识

(2) 只有当警告机动车驾驶者该道路可能有学校儿童出入时，才可在儿童过街区域设置相关标识；

(3) 儿童标识在以下情况下应当单独使用：1) 行人过街流量是显著的，但交通量还没有大到容易一眼辨认出行人过街（斑马线）或交通信号相位（行人过街相位）。2) 附近很少有行人横穿马路。3) 整条路段上的各个位置均有行人过街需求；

(4) 当校车站点处的视距受限并没办法采取措施弥补时，应当设置校车停车地点标识，如图 5-16 所示；

(5) 为了保证校车警示标识的公信力，应当在道路被放弃用作校车站点或是升级为不需要警示标识的道路的情形下，立即撤除校车警示标识。

7. 候车设施配备

(1) 候车区域

校车停靠站点处设置的儿童候车区域可为其提供安全的候车环境。该区域应当平坦、排水良好、不存在磕绊的安全隐患等。一些地方的候车区域还应提供遮阳挡雨的辅助设施。

对于落客的校车站点，等候区域可不必设置，因为大部分儿童一般下车后直接走向目的地，未做停留。因此，当开设公共校

图 5-16 校车停车区域前后视野受限的平面曲线

车站点时,应当考虑如下乘客候车准则:

1)当设置校车站点的等候区域来集散学校儿童成为必要时,应当设置候车区域;

2)为了儿童安全,候车区域应当尽可能远离行车道。

(2)乘客基础设施

在雨雪天气条件下,校车站点的候车亭将为儿童提供保护。候车亭的选址非常重要,因其会影响站点前后驾驶员的行车视距。若候车亭离行车道较近,则候车亭与运行校车之间的有限空间将给儿童带来安全隐患。因此,当开设公共校车线路与站点时,应当考虑如下乘客候车设施准则:

1)若有必要,应当考虑设置校车候车亭;

2)只有当候车亭是明显需要时才可配备。是否需要配备可从以下因素进行判断,比如乘客需求、停车需求、乘客等候时间、乘客方便性等等;

3)候车亭的位置应当设置在校车驾驶员能够及时发现等候儿童并停车的地方。在其选址时应当考虑候车亭附近交通车道上的车速环境以及物理特性。候车亭选址的较优方案是设置在远离交通车道的路侧区域。

(3)停车设施

应当配备校车站点的安全停车设施（即路侧停车、专用停车区域等），由于不少家长会开车过来接送儿童。家长的停车行为不应对任何道路使用者造成安全隐患。

停车区域应当充足，以至于家长过来接送儿童时产生的停车需求对道路交通的影响最小。必要时，亦可考虑配备专用停车设施。当校车站点附近有较多家长接送儿童时，应当考虑配备停车设施。

8. 行人设施的配备

必要时应当配备诸如过街天桥等行人设施，具体的配备要求已经在交通控制设备一致性手册中指出。

一般来说，青少年缺少道路感知能力，随着年龄的增长会逐渐获得这种能力，以确保其在道路上安全过街等。因此，当开设公共校车站点时，应当考虑如下行人设施准则：

（1）必要时，应当在校车站点附近配备行人安全过街设施；

（2）儿童安全过街设施的配备应当考虑：1）路侧的儿童应当是显而易见的；2）驾驶员与儿童的视野；3）过街距离；

（3）一般情况下，校车站点应当设置在尽可能靠近行人过街设施的地方。在这种情况下，若校车站点设置在交叉口的下游（出口），要求校车站点与人行横道的距离应当至少保持10m；若校车站点设置在交叉口的上游（进口），则要求保持20m的距离；

（4）儿童上下学出行的安全路径应当可用；

（5）若可能，应当极力避免儿童沿着行车道边缘行走，尤其是对于车速、流量以及重型车比例较高的路线上。在这种条件下，儿童出行路线应当尽可能远离行车道。

5.3 运行环境保障措施

5.3.1 校车运行环境问题概述

1. 校车优先通行权缺乏

校车行驶的时间恰好是城市上下班高峰时段，路上车多人多，交通情况拥挤不堪，由于校车本身的功能需要频繁地靠边停车，让学生上下车，因此对于所在路段的交通流会产生一定影响，这种影响是相互的，关系到学生上下车的安全，也关系到路上交通的通畅。目前国内驾驶员的交通法规意识并不牢固，对道路标志标线规定的遵守情况也不容乐观，更别说对于校车等特别车辆的让行了。此外校车属于大容量交通载体，可以使用公交专用道，但在很多城市，公交专用道的普及率还不高，即使有公交专用道也存在被其他道路车辆占用的情况。

2. 学校周边环境问题

目前，大多数中小学、幼儿园都位于闹市区，交通量大，人员密集，周边的交通秩序不理想，在上学、放学时间段，到学校接送儿童的车辆拥堵在校门口，给学校周围的道路交通带来很大的压力，特别是部分车辆停在路边等待，极大地占用了道路资源。一些学校的校园面积小，校车只能停在校门外的路边，学生要走出校门乘坐校车，有时候还需要横穿马路，因此学生的安全受周边环境影响很大。

3. 校车路线不合理

国内目前的校车运营存在校车少、学生多、路况复杂等问题。虽然近年来政府推行就近入学政策，但为了让孩子得到优质的教育，许多家长不惜支付高额的择校费将孩子送往名校。考虑到校车运营的成本，许多学校购置的校车数量都比较少，远远不能满足接送学生的需求，学生并非完全来自于学校所在的学区，有的离学校很远，大部分学生的家庭住址都比较分散，这使得校车在选择路线的时候比较困难，如何避开交通拥挤的路段方便快捷地把孩子送回家，同时又要缩短行驶路线、节约成本，这些都是在校车运营方面的一个难题。

4. 路边配套设施不齐全

校车在道路上运行还需要一些配套设施，如停靠站点、警示标牌、地面标线等，这些配套设施可以起到告知和警示的作用，为校车的停靠、学生的上下车提供安全保障。目前校车配套设施关注度还很低，校车管理和运营部门大多把注意力放在校车本身上，而忽略了路边配套设施的建设。

5.3.2 国内外确保校车运行环境的相关规定

1. 美国的规定

美国有关校车通行优先权的法律规定被称为《校车让停法》(School Bus StopLaw)。所谓的《校车让停法》并非一部独立的法典，而是分布于联邦和各州的一些法律文件中。联邦对于校车让停的法律规定主要分布在 1992 年修订的《车辆统一法典》(Uniform Vehicle Code) 中，各州对于校车让停的法律规定主要分布在本州的行政管理法典或综合性法典中。

联邦规定。美国联邦 1992 年修订的《车辆统一法典》第 11 章规定的是道路交通规则，其中第 8 条规定的是特殊让行规定。在这条规定中，11-705 款就是有关校车让停的详细规定。这些规定可以分为三个方面：

（1）第一个方面即 11-705（a）项的规定，是关于其他车辆给校车让停的一般规定；

（2）第二个方面即 11-705（b）项的规定，对校车本身的运行设定了一些限制；

（3）第三个方面即 11-705（c）项的规定，设定了一些不需要让停的例外情形。

各州规定：尽管许多州的一些规定与联邦的相同或基本相同，但各州规定都还是具有一些独特之处的。例如，有些州设定了更为详细的规则，有些州还增加了一些规则，有些州规定了更广的让停范围，有些州对让停的规定更为严格等。此外，各州还规定了对违反有关校车让停规定行为的具体处罚措施。

下面，选取并考察其中一些具有代表性的规定。需要说明的是，这些规定主要是与《车辆统一法典》11-705（a）项对应的，而与（b）与（c）对应的规定并无太多特殊的地方。

阿拉斯加州的《行政管理法典》(Administrative Code) 中

有关条款规定,在校车闪烁黄灯(校车上安装的一种辅助安全警示装置)时,与它会车或者超越它的其他车辆的速度不得超过20英里/小时(32km/h);在停车的校车闪烁红灯时,与它会车或者超越它的其他车辆应当停车让行,并不与它保持不小于30英尺(9m)的距离。关于在停让之时与校车间保持的距离,还有些州规定为25英尺(7.5m)、20英尺(6m)、15英尺(4.5m)或者10英尺(3m)等。

2. 中国的有关规定

2007年6月22日,国家标准化管理委员会批准了《机动车运行安全技术条件(GB 7258—2004)第2号修改单》;2010年7月1日,由国家质检总局和国家标准委联合发布的《专用小学生校车安全技术条件》正式实施。

(1)北京

校车的发展要经历三个阶段:一是非公共产品阶段;二是半公共产品或准公共产品阶段;三是完全(意义的)公共产品阶段。

目前北京市运营的中小学校车基本上属于非专用校车。因此,政府部门当前在校车管理中的主要任务是:规范中小学的非专用校车,适当加大对校车的经济投入,逐步实现由非专用校车到专用校车的过渡,最终将校车纳入社会公共福利的范畴。

目前北京市的校车管理主要呈现两个特点:初步形成了校车管理的机构和队伍;初步建立了一套规范的校车管理制度。

(2)上海

从2007年9月1日起,上海正式施行《上海市中小学、幼托园所校车管理若干规定》。该规定明确提出在上海要挂上校车牌必须过四道关。

第一关审批,学校想要有校车,校长必须向学校所在的区、县教育行政部门提出申请。按照校车新规,现在能上路的车只有两种:自有校车和租赁校车。校长先提出申请,区教育部门派专人再去学校实地了解学生人数、分布等情况。

第二关管理，从 2007 年 9 月起，每辆校车都要定期检查违法记录，"验明正身"，不符合标准的，一律"封杀"。

第三关培训，在上海，无论是开校车的，还是坐校车的，都要参加培训，一个都不能少，校车司机首当其冲，他们一年至少接受两次公安部门的培训。司机要掌握校车行车的技能要求，了解车辆停靠站点、路线、车道，还要学习如何照顾好学生。培训结束后，没通过考试的司机，将被取消校车驾驶资格。车上的安全管理员也要参加培训，内容根据新出台的安全规定做出调整。乘坐校车的学生也要参加培训。交警、老师、法制副校长在班会课、法制宣传课上向学生讲解交通安全法规和校车安全知识。

第四关检查，警方一旦发现有违规校车，除了罚款、没收车子等常规做法之外，还会及时通报给教育部门，由教育部门再通知校方，责令整改。

5.3.3 建议措施

1. 加强立法，保障校车优先权

美国是当前世界上校车服务最系统、最安全、最专业的国家之一，除了为校车运营、校车检查等在技术标准与法律上建立了完善的安全管理制度外，还在法律上为校车通行提供了极大的优先权。美国联邦 1992 年修订的《车辆统一法典》第 11 章规定的是道路交通规则，其中第 8 条规定的是特殊让行规定；在这条规定中，11-705 款就是有关校车让停的详细规定。这些规定保证了校车在道路上行驶时候的优先通行权，并且在停车时，其他车辆要避让或者停车。

目前我国就校车安全出台了一些相关的法规，如首部专门规范小学生校车安全的强制性国家标准《专用小学生校车安全技术条件》于 2010 年 7 月 1 日起开始实施，而美国拥有超过 500 部校车法规，用于保护校车特权和保障校车乘客的安全，因此总体而言，我国有关校车的规章制度还很不健全。

2. 强化监控，确保行车安全

校车超载、超速等交通违法行为一直是影响校车安全运行的重要问题。为进一步遏制部分校车超载、超速等严重交通违法行为，应该充分利用现代科技手段进行监管。如对校车安装 GPS 系统和无线摄像头等实时监控设备，将时速控制在一定的范围内，确保行车安全。这些设备不仅能实时反映校车在路网上的位置和行驶情况，在出现紧急状况时，还能第一时间通知控制中心实施救援。在国外有一些校车上安装电子刷卡系统，一方面用于收费，另一方面，每名乘车学生上、下车刷卡后，系统免费并自动给家长手机发送信息，方便家长掌握学生的动态。我国首部专门规范小学生校车安全的强制性国家标准《专用小学生校车安全技术条件》中规定，专用小学生校车是专门运送不少于 10 人的小学生校车，每个学生座位必须安装安全带，并且还要装有类似飞机"黑匣子"的汽车行驶记录仪来追踪记录校车的行驶情况。

3. 规范校车路线

要保证校车及时安全地完成运送学生的任务，必须对校车的路线进行合理规划，在选择路线时应尽量多选择有公交专用道的线路，统筹距离和时间，力求达到最优。校车运行时间应尽量避开上下班高峰时段。上海城市交通运输管理处在每张校车证的背后都打印了该车的行驶路线，校车只能按照规定的路线行走，不能随意行驶。在交通拥堵地区，交通管理部门应对校车给予优先通行权，保证校车将学生及时安全送回家。

4. 完善配套设施

目前校车安全研究的大部分注意力都放在校车身上，而校车停靠站点、警示标牌、地面标线等附属配套设施一直被忽视，这些东西虽然只是细节，但也影响着校车运营的安全，合理的标志标线可以起到警示过往车辆的作用，便于其他车辆的让行或停车，因此道路交通管理部门应完善校车运行的配套设施建设，制定统一的配套设施规范标准。

5.4 法律保障措施

5.4.1 国内校车管理存在问题

1. 车况较差、车型混杂，运营管理不完善

从校车本身这一车辆特征来讲，校车的出现，方便了学生上下学出行，但一些校车却不同程度地存在着这样或那样的安全隐患，着实让人担忧。这其中，有的校车是年久失修的小型面包车，有的校车是经过改装加座的中巴车，甚至在农村，有的校车是使用安全技术不合格、非法改装改型的小型货车。这些车辆当中，有的已接近报废年限，有的甚至长期不进行年检，车况极差，车身严重老化。上述车辆的存在与使用，使校车产生交通安全方面问题的巨大隐患。

令人忧心的是，"黑校车"虽然"黑"，但在不少地方，却成为家长和学生的无奈选择。一个不容忽视的背景是，近年来，随着农村地区撤乡并村、中小学撤点并校的不断推进，农村教育事业在集约化、跨越式的发展过程中，这就导致越来越多的山乡子弟再也不能在家门口上学了。而带着孩子进城打工的农民工，也同样面临工作生活地点与子弟学校距离远、交通不便的难题。这在无形中提高了学生的交通成本，以前可以通过步行上学，现在则需要交纳一定数额的交通费用，对于收入仍不宽裕的农民工家庭来说，经济成本是不得不考虑的因素。事实上，交通不便的原因，一则是校车数量少，坐不上车；二则即便有校车，其站点设置、发车时间、发车频次也难以满足广大学生的需要。

从制度建设来看，我国首部专门规范小学生校车安全的强制性国家标准《专用小学生校车安全技术条件》已于去年7月1日起正式实施。标准明确规定了校车的一般要求、上部结构强度、座椅、护板、出口等12个方面，全面规范了校车安全。不过，这个标准只是针对小学生校车给出了硬件要求，其他校车缺少相应规定。学校对校车的管理不完善，家长对孩子的安全存在麻痹大意心理。中小学校、幼儿园校车大部分隐蔽营运（没有办理营运许可证），有的学校领导认为只要搞好学习，其他事情都是次之。因此存在校车管理机制不健全、不完善的现象。

2. 驾驶员素质较低，校车超员违法行为突出

校车驾驶人交通安全意识淡薄。按照有关规定，校车驾驶人必须具备准驾车型3年以上安全驾驶经历，最近3年内任一记分周期内都要求无记满12分记录，无致人伤亡的交通事故。但调查中发现，有的校车驾驶人是刚领取驾驶证件就从事校车驾驶，有的是以临时打工的形式驾驶校车，有的校车驾驶人曾多次违法道路交通法规等。

有些校车驾驶员，为了节省费用，敢冒被交警查处的风险，宁愿一趟多拉十几个学生，也不愿多跑一趟多烧油；甚至拉上学生超员后，为了逃避交警检查，竟然舍弃宽敞的马路不走而走坎坷不平的羊肠小路，这样是很危险的行为。更有甚者，为了多拉些学生，一个座位上挤两三个，甚至把车内的座位拆下来，以扩大车内空间，让学生一个挨一个地站在车厢内，人为地促成了"超员"现象的发生。

从这些校车超载事件的发生地区来看，多集中于中西部、农村地区、城市外来人口聚集区。除了普遍存在的教育投入不足问题之外，教育发展不平衡、公共资源不均衡、交通服务不完善，是更为现实的原因。幼儿园校车超载其实凸显了在当前教育格局中，幼教处于义务教育范畴之外，幼儿园的建设、发展和管理，得不到应有的重视和加强，大肆改装、塞了又塞的"黑校车"，只不过是各类低水平幼教机构为了追逐利益、"野蛮生长"而打出的一张牌。

3. 车辆运行经费保障不足，各管理部门缺乏合作

车辆运行经费保障不足。目前，在校车的购置及使用上，一般都是由学校自行购置、自行维护管理，而规模小、资金紧缺的学校则会退而求其次，通过租赁低价位的客车来接送学生。由于校车运行成本较高，加上政府没有给予专门性的校车管理补贴，

其运行经费依靠学生乘车付费收入（定价一般不高）难以维持，因而进一步加剧车辆维护不及时、校车司机待遇不高、流动性大、校车安全隐患增大等矛盾。从某种意义上讲，校车是城市公共交通的重要组成部分之一，属于准公共产品的范畴，带有公益属性，应由政府提供或在政府补贴下由私人供给。

各部门管理缺乏合力。关注校车安全本应是全社会的责任，公安、教育、交通、安监等政府部门以及学校都有履行其管理职责的义务，但是当前还只是个别部门将校车管理纳入本职工作中，呈现出一家或几家各唱"独角戏"的局面。难以有效发挥综合管理作用，诸多工作环节上的脱节，给脱管、漏管的违法校车上路提供了可能。当然，这与相关工作机制不健全、责任不明确、倒查追究不严等制度问题也有必然的联系。现在往往都把校车事故归咎于司机超载运行、违章驾驶等等，其实背后的关键是管理问题。目前规定县级以上地方政府对校车安全管理要负总责，教育部门应负责审核校车使用申请、查处学校违规行为。公安部门主要负责审查校车安全技术条件，办理注册登记并核发校车标牌，审核校车驾驶人资格，查处取缔上路行驶的非法校车等。有关部门要负责校车生产资质、产品质量监督等。学校和校车服务提供保障校车安全的责任。

4. 安全宣传不到位，学校、家长缺乏责任心

一些学生的家庭与学校之间的距离较远，交通不便，学生家长对交通费用的负担能力也相对较弱，不愿意投入太多的精力和成本在孩子的接送上，所以，也不过多地关心学生的安全。还有的学生父母，因长年在外打工赚钱，将孩子完全托付给学校统一管理，不管不问。而有的学校、幼儿园的师生、员工，由于自身接触交通安全方面的知识较少，学校方面也很少进行交通安全方面的教育，学生交通安全自我保护意识较差，部分学生甚至缺乏文明交通行为的养成。

为加强校车安全管理工作，保障中小学生交通安全，相关部门应在学校定期开展校车安全专题宣传教育活动，使学校重视校

车管理、建立和完善校车管理制度，切实消除校车交通安全隐患，规范校车运行秩序，让学生坐上放心车。

5.4.2 国外校车管理法律保障措施

国内校车管理存在的问题涉及较多的法律保障问题，纵览美国、英国等发达国家的校车管理经验，以下法律保障措施可供国内参考使用。

1. 规范校车，提高车辆性能，加强运营管理

美国校车在安全性能方面堪称客车中的"佼佼者"，素有"客车的设施、卡车的骨架"之称。美国联邦法律对校车车体结构、防倾覆保护、刹车装置等34个方面作了严格要求，比如规定了紧急出口的数量和位置、提出车窗保持力和开启力的最低要求、校车制动距离的特殊规定、在障碍物碰撞时要保证燃油系统的完整性和安全性等。在这种高标准下，美国校车由专业厂商制造，质量高，造价昂贵。校车外观统一为醒目的黄颜色，便于识别，车头统一设计，分四种车型，承载能力多为10人以上。

早在1939年，美国政府就立法规定校车一律为黄色，因为这种颜色最醒目，即便在大雾中也最容易看清，因此也是最安全的颜色。法律还规定，小型校车因为受到冲撞容易出事，所以每个位置上都必须装有安全带。

"9·11"后，美国政府和学校更加重视校车的安全，因此立法规定，将校车纳入政府反恐怖安全监视系统的保护范围。任何对校车的攻击都将定为联邦罪行，要判20年甚至终身监禁。在多种措施的共同保证下，校车自然成为美国最安全的交通工具。

英国以高造价获得了高质量的校车，车身颜色也由该国传统的红色改为国际上广泛使用的深黄色。按照规定，所有儿童无论有没有保险，只要登上校车，全部由校车负责。

在韩国，机动车申请成为校车的手续比较严格。首先向当地警察署提出申请，并获得批准证明。校车司机或经营者必须把获得批准的证明贴在车前玻璃右侧，才能开始运营。没有得到批准

的车辆，不能模仿校车的颜色或做相似标记，更不得私自承担接送学生的工作。对车主更改车型、内部结构，也都提出了严格要求，规定了一套完整的申报程序，包括提交交通安全汽车检验必需的书面材料、综合整修认定书、车辆结构检验认定书、申报警察署检验证明等。

2. 提高校车驾驶员的选择标准

在美国的校车运营中，驾驶员充当着极其重要的角色。不仅直接负责校车运行的安全，也在教育学生遵纪守法、增强社会责任感、提高安全意识等方面起重要作用。此外，驾驶员对外还代表学校的形象，是公众了解学校的一个窗口。因而，联邦与各州政府都特别重视校车驾驶员的选用，在立法上对其任职资格和条件、工作内容和程序做出了详细规定。这些规定基本上可分为两大类。第一大类是有关选用资格条件的规定，包括担任校车驾驶员需达到的最低年龄、持有的驾驶证类型、通过的专业培训以及体检、药物与酒检测、犯罪和交通违章记录等。第二大类是有关选用程序的规定，主要是指校车驾驶员的选用需要经过当地教育、交通或其他主管部门的考核与审批。

美国的校车司机都是经过特别挑选的专业司机，大多为女性，这是因为女性比男性更加细心谨慎。相关法律条例还规定，一位司机如果在四年内收到罚单超过三张，就没有资格当校车司机。

美国法律中专门对校车司机提出了极为严格的标准，具体包括：校车司机的年龄不低于21岁；必须有年度健康证明，包括视听测试结果；有文件证明其本人没有危及驾驶安全的问题；驾驶记录令人满意；无犯罪记录。

在法国，校车司机必须通过严格的驾驶考试，拥有省一级的校车驾驶证才能上岗。法国校车司机的工作手册用英法两种文字印刷，对出车前的检查、收车后在停车场各种装置的情况等都有详细规定。法国的司机工会网站把行车安全放在了员工训练的首位，并开辟了"有待改进"网页，不断更新内容，促使司机提高服务质量。

3. 设定校车特殊通行规则，提高校车通行权

美国极为重视校车的安全，除了在技术标准与法律上为校车设备、校车运营、校车检查等建立了完善的安全管理制度外，还在法律上为校车通行提供了极大的优先权。前述的《校车让停法》(School Bus Stop Law)就是散见于联邦和各州的一些法律文件中相关规定的统称。校车的通行规则主要由各州政府设定。各州设定的规则主要包括2个方面：(1)有关校车本身的特殊通行规则，包括限速规定、警示信号灯、停车信号臂等安全装置的使用规定等；(2)有关其他机动车为校车让停的规则。这些通行规则为校车的安全运行提供了重要保障。

除了需要遵守各州政府为一般机动车辆设定的各种通行规则外，校车还需要遵守一些特殊规则。

(1)首先是限速规则，根据道路类型与运送学生的目的不同，具体的限速规定也有所不同。例如，有些州规定，校车在市区道路上行驶时，时速不得超过48km/h，有些州规定，在联邦道路系统外的公路上，时速不得超过64km/h；有些州规定，在联邦道路系统中运送学生参加学校组织的活动，时速不得超过88km/h。

(2)其次是安全装置的使用规则，大部分州都规定，校车只有在停车上下学生时，才可以启用警示信号灯与停车信号臂等，但专用停车点、有交通警察指挥或交通信号控制的交叉路口等除外。有些州还规定，校车在运送学生时需要始终开启前灯。在全美国50个州，都有同样的一条交通规则：超越正在停靠和上下学生的校车是最严重的交通违法行为之一。

(3)所有车辆在经过有"School Zone"的标志区域时，必须减速，当"School Zone"标志上的黄灯开始闪烁时，所有车辆的时速不得超过24km/h。

为保证学生在上下校车时的安全，各州政府还通过立法强制其他机动车为校车让停，为校车通行提供了极大的优先权，各州有关校车让停的规则基本都是仿照国家统一交通法规委员会编制的《车辆统一法典》中的相关规则设定的。大部分州都规定，在校车启用红色信号灯、打开停车信号臂时，其他机动车辆必须停车等候，并且与其保持一定距离；在校车启动黄色信号灯时，其他机动车辆在与它会车或超越时，需要限速。违反这些让停规定，需承担刑法处罚。

加拿大校车停下后，就会从车头一侧向前伸出一根约一米长的黄色交通标志杆，表示不可靠近；从校车的侧面横向伸出另一交通标志，上面写着"STOP"，即警示其他车辆停驶的意思。这时，路上往来的车辆都远远停住。只有当孩子们都上车落座，两种交通标志收起，校车开走后，其他车辆方可通行。在路上所有的机动车都必须与校车保持一定的距离，为它让路。在加拿大的很多州，超校车是违反交通规则的行为，必须要被罚款、扣分。

德国严格规定必须设立校车车站，车站标识必须明显可辨。校车一定要在规定车位停车，在进出车站时，校车要做出明显的灯光表示，此时其余车辆一律不准超越校车。另外，家长要让孩子有足够时间上路赶车，以防因为追赶校车而出事。

4. 加强安全教育，提高对校车安全的重视程度

日本各地教育行政部门和中小学校十分重视并采取各种措施加强对儿童学生的安全教育。任命或委派安全指导员、巡视员，开办安全知识讲座，学校在全校集会或"综合学习时间"等课程当中讲授和宣传自我防护、交通安全等方面的知识。一些地方教育委员会还委派安全指导员跟随校车接送上下学的孩子，以使校车的安全措施落实到位，万无一失。

在印度首都新德里，配置校车由各学校根据自己的财力和家长们的要求而购置，全市的校车统一漆成黄白相间的颜色，并有醒目的校车字样和学校标志。由于印度中小学的上下学时间都错过了上下班的高峰时间，即使没有校车，孩子们需要乘公共汽车，他们也不会和大人们挤在一起。在新德里，大部分私立中小

学则都配有校车。除了学校，印度的交通法规对校车也有明确规定。打开新德里交通局的网页，上面写着：每个学校对学生都要进行交通安全教育，乘坐校车时要遵守一定的规章制度。

5.5 小结

本章首先介绍了国外校车的运营管理经验以及我国当前的校车运营现状，通过借鉴国外对校车路线、站点的管理经验，总结我国目前校车管理存在的问题，在分析国外对校车的管理细则的基础上提出了适用于我国国情的一些保障措施。最后简单介绍了国内外城市为确保校车安全运行的相关规定，为我国今后完善校车管理规定以及规范标准提出了建议措施。

参 考 文 献

[1] Adler T Ben-Akiva M E. A theoretical and empirical model of trip chaining behavior [J]. Transportation Research B, 1979, 13: 243-257.
[2] Chapin F S. Human activity patterns in the city: things people do in time and space[M]. New York, Wfley, 1974.
[3] Jones P M, Dix M C Clarke M I. Understanding travel behavior[M]. Aldershot, England, Cower 1983.
[4] Pas E I. State of the art and research opportunities in travel demand: Another Perspective [J]. Transportation Research A, 1985, 19: 460-464.
[5] Recker W W. Mcnally M G and Root G S. A model of complex travel behavior. Part I theoretical development[J]. Transportation Research A, 1986, 20(4): 307-318.
[6] Recker W W. McnaHy M G and Root G S. A model of complex travel behavior. Part II theoretical development[J]. Transportation Research A, 1986, 20(4): 319-330.
[7] Oster CV. Second role of the work trip-visiting nonwork destinations [J]. Transportation Research Record, 1979, 728: 79-82.
[8] Clarke MI Dix MC Jones PM & Heggie IG. Some recent developments in activity-travel analysis[J]. Transportation Research Record, 1981, 794: 1-8.
[9] Strathman JG & Dueker KJ. Understanding trip chaining: Special Reports on Trip and Vehicle Attributes[J]. 1990 NPTS Report Series, US Department of Transportation, 1995.
[10] David A. Hensher & April J. Reyes. Trip chaining as a barrier to the propensity to use public transport [J]. Transportation 27: 341-361, 2000.
[11] 韩娟, 程国柱, 李洪强. 小学生上下学出行特征分析与管理策略

[J]. 城市交通第9卷第2期：74-79. 2011.

[12] McDonald, N. C.: Children's travel: patterns and influences[D]. University of California, Berkeley. 2005.

[13] Zwerts, E., Wets, G.: Children's travel behavior: a world of difference[J]. Presented at the 85th Annual Meeting of the Transportation Research Board, Washington, D. C (2006).

[14] Vovsha, P., Petersen, E.: Escorting children to school: statistical analysis and applied modeling approach[J]. Transport. Res. Rec. 1921, 131-140 (2005).

[15] Guo, J. Y., Srinivasan, S., Eluru, N., Pinjari, A., Copperman, R., Bhat, C. R.: Activity-Based Travel-Demand Modeling for metropolitan areas In Texas: Cemselts model estimations and prediction procedures, 4874 zone system cemdap model estimations and procedures, and the SPG software details[R], Research report 4080-7 for Research project 0-4080 "Activity-based travel-demand modeling for metropolitan areas in Texas", (2005).

[16] DiGuiseppi, C., Roberts, I., Li, L.: Determinants of car travel on daily journeys to school: cross sectional survey of primary school children[J]. Br. Med. J. 316, 1426-1428 (1998).

[17] McMillan, T. E.: Walking and urban form: modeling and testing parental decisions about children's travel[D]. University of California, Irvine (2003).

[18] Evenson, K. R., Huston, S. L., McMillen, B. J., Bors, P., Ward, D. S.: Statewide prevalence and correlates of walking and biking to school[J]. Arch. Pediatr. Adolesc. Med. 157(9), 887-892 (2003).

[19] 刘爱玲, 胡小琪等. 我国中小学生上下学交通方式分析[J]. 中国健康教育, 2009, 25(1): 8-10.

[20] 何峻岭, 李建忠. 武汉市中小学生上下学交通特征分析及改善建议[J]. 城市交通, 2007, 5(5): 87-91.

[21] Noland R B, Small K A. Travel-time uncertainty, departure time choice, and the cost of morning commutes[J]. Transportation Research Record, 1995, 1493: 150-158.

[22] kitamura R. Incorporating trip chaining into analysis of destination choice[J]. Transportation Research B, 1984, 18B: 67-81.

[23] Liao Y C. Trip chaining in urban travel[M]. ph. D Dissertation, University of Southern California, Los Angeles, CA. 1997, Published by UMI.

[24] 褚浩然,郑猛,杨晓光等. 出行链特征指标的提取及应用研究[J]. 城市交通, 2006, 4(2): 64-67.

[25] 关宏志. 非集计模型-交通行为分析的工具[M]. 北京: 人民交通出版社, 2004.

[26] STAG (1999) School Travel Advisory Group Report 1998-1999. School Travel Advisory Group, UK. (available at http://www.local-transport.detr.gov.uk/schooltravel/index.htm).

[27] VATS (1999). The 1999 Victoria Travel and Activity Survey. Transport Research Centre, RMIT University, Melbourne.

[28] Transport Data Centre (1999) Sydney Travels, New South Wales: Department of Transport.

[29] Rose, G (2000) " 'Safe Routes to School' Implementation in Australia" Australia Road and Transport Research 9 (3), 3-16.

[30] Godfrey, D, Mazzella, T, Cabrera, I and Day, S (1998) "Why Don't Children Walk to School" Harmonizing Transportation and Community Goals - The Challenge for Today's Transportation Professional, ITE International Conference, Monterey, CA.

[31] European Union (2000) Targeted Summary of the European Sustainable Cities Report for Local Authorities, prepared by the Expert Group on the Urban Environment. (available at http://europa.eu.int/comm/environment/urban/locsm-en.htm).

[32] Moore, R. (1986) Children's Domain: Play and Place in Child Development, Croom Helm, London.

[33] Tranter, P. (1995) "Children's Independent Mobility and Urban Form in Australasian, English and German Cities", 7th World Conference on Transport Research, Sydney: 7th WCTR, pp. 31-44.

[34] Hillman, M., Adams, J. and Whitelegg, J. (1990) One False Move... A Study of Children's Independent Mobility, PSI Press,

London.

[35] Bradshaw, R, Lane, R and Tanner, G. (1998) Levels of Activity Relating to Safer Routes to School Type Projects and Green Transport Plans, Final Report. UK: Transport Studies Group of University of Westminster in conjunction with Diana Wofinden of Social and Transport Research Services.

[36] Ampt, E and Rooney, A (1998) "Reducing the impact of the car - a sustainable approach: Travel Smart Adelaide" Proceedings of the 22nd Australasian Transport Research Forum: Sydney, Australia.

[37] John, G. and Wake, D. (1999). "Innovative Approaches to Influencing Travel behaviour of Schools", pp563-578 of papers of the 23rd Australasian Transport Research Forum, Perth: ATRF.

[38] James, B. , Brog, W. , Erl, E. and Funke, S. (1999) "Behaviour change: sustainability from individual marketing". 23rd Australasian Transport Research Forum, Perth, 29-September-1 October, 549 -562.

[39] 美国的校车。http://www. xplus. com/papers/tywb/20111129/n64. shtml,引自喜阅网。

[40] 英国的校车。http://www. 360eol. com. cn/eol/news/2011/11/22/53107. shtml,引自360教育在线。

[41] 网络调查:接送孩子上下学对家长的影响。http://news. survey. sina. com. cn/voteresult. php? pid=11087,引自新浪网。

[42] 美国2009年居民出行调查。http://nhts. ornl. gov/download. shtml #2009。